꽃

달

임

## 꽃-달임

『민속』진달래꽃이 필 때에,
그 꽃을 따서 전을 부치거나 떡에 넣어
여럿이 모여 먹는 놀이

### >> 일러두기
1) 띄어쓰기 규칙은 가사 운율의 특성을 최대한 살려 적용함
2) 고어古語 및 방언方言은 작가의 표현에 따름

내방가사 운율 따라

# 꽃 달 잎

권숙희

달구북

**작가의 말**

# 할머니 약손 같은 내방가사 가락으로

어느 날 홀연 어머니가 가사 읊는 꿈을 꾸었습니다. 아련하고 편안한 기억의 베개를 밀쳐내지 못하고 달콤한 꿈나라 여행을 계속하는 중입니다. 꿈속 가사 가락에 점점 깊이 취해 춤사위는 날로 격렬해집니다. 가슴속 불덩어리가 4.4조 운율이 뿜어내는 부드럽고 치유력 강한 포말에 덮여 검은 숯덩이로 변하더니 어느새 하얀 재가 되어 훨훨 날아갔습니다.

유교 이념 아래 삼종지도와 봉제사 접빈객에 지친 우리 할머니들은 문학 치유라는 말이 생기기 훨씬 전부터 가사를 쓰고 읽으며 스스로 심신을 치유했습니다. 화전가 속 덴동어미는 자신의 고단

한 삶을 꺼내 이야기하며 기죽은 열일곱 살 어린 과부를 달랩니다. 코로나 펜데믹으로 더욱 외로워진 우리도 덴동어미 화전가를 돌려 읽으며 서로의 등을 다독입니다. 오래전 살다 가신 여인네의 버선발도 함께 춤을 추는 기운을 느낍니다.

첫 걸음마를 뗀 화전가와 세월호 탄식가로부터 시작한 가사 쓰기는 내 생애를 둘로 나누는 분기점이 되기에 충분합니다. 옛글 흉내내기로 출발하여 이제는 내가 사는 이야기를 우리 할머니들이 즐기던 가락에 얹어 이야기하렵니다. 안방에 머물던 내방가사가 문지방을 넘고 대문을 나서더니 어느새 국경을 넘었습니다. 어설픈 내 장단에 어깨를 걸고 함께 춤추는 사람도 하나둘씩 생깁니다. 시공간을 초월한 영남 여인의 혼이 인류의 아픔까지 어루만지게 되었습니다.

이제 한글이 세계에서 가장 과학적이고 배우기 쉬운 훌륭한 문자라는 사실을 의심하는 사람은 없습니다. 세종대왕이 훈민정음을 지어 반포한 후에도 한글은 오백 년 동안 푸대접을 받았습니다. 일제강점기에는 국어 행세를 하는 일본어에 밀려 조선어라는 이름으로 불리다 사라질 뻔한 수난도 당했습니다. 우리 할머니들은 당신들의 이야기를 쓰고 읽는 일이 한글을 지키는 위대한 일인지 알지 못했습니다. 당신들이 쓴 두루마리가 세계기록유산이 될 만한 가치를 지닌 사실도 몰랐습니다. 틈나는 대로 읽기 좋고 기억하기 좋은 4.4조의 운율이 있는 글을 두루마리에 쓰고 둘러앉아 읽었습니다. 우리는 이제야 우리 할머니들이 얼마나 지혜롭고 위대한 분들인지 알 수 있습니다. 세종대왕의 꿈을 실현한 우리 영남의 할머니들이 더욱 자랑스럽습니다.

아직 갈 길이 멀지만 죽는 날까지 내방가사 장단에 맞춰 춤출 것을 생각하면 행복합니다. 언제 어디서든 내방가사를 사랑하는 사람들과 함께 즐기며 우리 자손들에게도 편안한 우리 가락을 전하는 할머니가 되기를 원합니다.

2022년 겨울이 깊어가는 고산골에서
한들

**축하의 글**

# 선양가

한들 권숙희 회장에게
_모임당 권순자

이천십사 갑오 유월 안동에서 전승되는
내방가사 경창대회 한들 선생 작품으론
세월호 탄식가요 나의 작품 송죽가로
첫 만남을 시작으로 그 당시엔 피차간에
몰랐는데 며칠 뒤에 한들 선생 만나보니
언제 봐도 활짝 웃는 무궁화꽃 모양이라
행동거지 귀재시고 마음은 하해 바다
내가 준 '조선왕조 회고록'을 읽고 나서
고산골 맑은 물에 발 담그고 글을 써서
대한민국 광복 칠십 주년 바로 그날에
에이포지 두 장 가득 주옥같은 글을 주셔

그 글 내용 무게 깊이 훌륭함을 느끼면서
보물처럼 간직하니 내 일생에 처음이라
저 멀리 사라지는 내방가사 자락 잡고
내방가사 황무지인 대구 시내 회원들을
모집하여 가사 문학 전승하련 사명감에
이천십구 기해년 구월 이십 목요일에
인쇄 명소 대보 삼층 서예 교실 장소 정해
첫 모임을 시작하고 한들 선생 회장으로
삼 년 동안 좋은 분들 좋은 글을 많이 지어
꽃봉오리 피어나듯 새로 새로 꽃피워서
수성 명소 용학 학당 내방가사 어울마당
삼 년 연속 펼쳤으며 한들 선생 노력으로
저명하신 규방 문사 노령에 모였지만
마음 열고 가사 쓰니 호걸 문장 부럽잖고
천 겹 만 겹 인생사에 유정 무정 많은 사연
줄줄이 쓴 명문 가사 두루마리 펼쳐내서
대구시 북구청서 두 차례나 전시하고
수성구 용학도서관에서 해마다 전시하여
수많은 관람객들 구경 와서 칭찬하니

내방가사 꽃이 피네 규방에 묻힌 선비
딸이란 숙명으로 남의 집에 이적되어
아내로서 며느리로 어머니로 시어머니
할머니가 되기까지 최고 호칭 받는 지금
늦으나마 가사 써서 사랑 양반 감동시켜
호칭 많은 여자 일생 경험담을 쓰게 하신
한들 선생 경로사상 더더욱 장하시다
봉황 금슬 가정 이뤄 일남 일녀 어머니요
대구 시민 기자 활동 문학 작가 시인이며
팔역을 누비면서 가사 써서 수상하고
동화 써서 수상하니 세종대왕 좋을시고
음식디미방 공부하여 전문 강사 활동하고
조근조근 내방가사 갖은 자료 책을 엮어
한들 회장 가사 강의 교재 삼아 가르치고
윤동주 탄생 백 주년을 맞이하여 간도 가서
국제학교 기념 시비 제막식에 경축가를
손수 써서 낭송하고 공모전에 수상하니
시가에 영광이요 친가에 빛입니다
무지한 이 사람도 가사 쓰기 좋아하여

혼자 심심소일로 여가마다 가사 짓다

한들 선생 주선으로 가사 교실 연다 하니

기분 좋게 따라 하다 우연히 병이 들어

자유 활동 못 하는데 공사다망 한들 선생

*사지사분 팔입이년 온갖 음식 다 해준 데

돈으로도 환산 못 할 많은 호의 받았으나

가벼운 종이 한 장 진심으로 적었으니

넓으신 마음으로 헤아려 주시고

부디부디 가내 모두 건강하시고

사회 좋은 활동 많이 하세요.


* 사지사분 팔입이년 : 동지, 하지, 춘분, 추분이
    네 번 지나고, 입춘, 입하, 입추, 입동이
        여덟 번 지나감 (2년간의 시간)


이천이십일(신축)년 십이월에
모임당 권순자는 대구 영남내방가사 초대회장을
역임하신 한들 권숙희 회장님께 이 글을 드립니다

**축하의 글**

## 시인사랑가

한들 권숙희 시인에게
_혜완 장향규

내 소원을 묻는 사람 이제까지 없었는데
누군가가 네 소원이 무엇이냐 묻는다면
예술가의 작품 속에 주인공이 되는 거야
특출나지 않는 사람 특별하게 만들고
보통 사람 볼 수 없는 사소한 것 찾아내어
표현력의 최대치를 끌어낼 줄 아는 사람
그래선지 기억 속에 영원으로 각인되지
시인들을 사랑하고 예술가를 사랑하네
그중에서 시인들이 나에게는 친숙한 건
시 읽기는 햇볕처럼 무료이기 때문이야

햇볕 되어 추운 사람 따뜻하게 살려내고
대가 없이 우리들을 행복하게 하는 사람

어둠 속에 숨어있는 슬픔 고독 꺼내어서
햇볕 아래 널어놓고 뽀송뽀송 말려주고
언어생활 아름답고 일상생활 풍요롭게
무덤덤한 일이라도 시인들이 바라보면
하늘색은 바야흐로 쪽빛으로 물이 들고
강물 빛은 이별 눈물 보태어서 더 푸른 것

시인되면 예로부터 부자 되기 쉽지 않고
물질 아닌 영혼 추구 가난하기 십상이나
자발적인 곤궁함을 택했다는 자부심에
가난 고독 추위쯤은 아무것도 아니었지
몸은 비록 간난해도 눈빛이야 형형하고
평안하지 않았으매 이상향의 꿈을 꾸고
궁해 울고 불편해서 끊임없이 추구하니
보편적인 인간가치 자유 평등 좋아하네

어린아이 마음으로 자연과도 통하여서
작은 것을 크게 보고 큰 것은 작게 보니
직관 은유 비유 통해 앞서 미래 보여주지
시집 한 권 안사면서 시인에게 바라는 것
과학자들 보다 먼저 먼 앞날을 내다보니
이카루스 두 날개를 상상하여 하늘 날고
바닷속이 궁금하여 잠수함을 만들었고
월궁 예처 항아님을 연모하여 우주 개척
시인이 꿈꾸는 것 모든 것이 실현되네

당시대의 문제점과 미래 세상 통찰하여
고통 속에 신음하는 사람에게 희망 주고
좋은 세상 만들려고 앞장서는 선구자니
그대 올린 깃발 아래 우리들이 모여들어
차츰차츰 나은 세상 향해가게 되는 거야
예언자며 선지자요 혁명가며 사랑꾼에
노래로써 타인의 삶 위무하고 승화하지
속도 경쟁 물질만능 생명경시 싫어하고

세상에서 하나뿐인 귀한 삶을 택한다네

인생이란 정답 없는 시와 같은 것이어서
나름대로 노력하고 최선 다해 살아가니
누가 누가 더 잘하나 도토리 키 재기라
작은 차이 크게 보고 비교에서 불행 시작
나다움이 최고이니 나답게 살아보세
시를 읽고 아름다운 삶의 의미 추구하고
진실로 사랑하고 가치 있게 사는 거야
부모보다 종교보다 우리들을 위로하고
나의 가치 존재 이유 분명하게 밝혀주니
예술가를 사랑하고 시인을 사랑하네.

2019.

## 차 례

작가의 말

축하의 글 　선양가 _모임당　008
　　　　　시인사랑가 _혜완　012

### 하나. 꽃달임 하던 날

2014 가창 화전가　022

청학동에 가사 피다　028

2019 옻골 화전가　036

매화찬가　039

위대한 대한민국　044

꿀밤 떡　050

득호 경축가　054

포석정　058

## 둘. 얼 쑤 절 쑤

큰삼촌 내외분 회혼 경축가  064

윤동주 시비 제막 경축가  068

당신께서 가신 길  070

정유년 새해 아침 비나리  072

무술년을 맞으며  074

무술년을 보내며  076

갈릭 걸즈  078

2020 경주 들쑥날쑥 문화제 경축가  080

원조 한류 최고운  085

## 셋. 역사 될까?

내방가사 경창대회 관람가  092

김광석길  097

달빛 교류  100

문경새재 맨발 축제  104

홍합죽  108

통영 나들이  114

라일락뜨락 1956  121

지역을 다독이다 책을 다독多讀하다  123

## 넷. 오늘을 기억하다

엄마 손칼국수  130

세월호 탄식가  135

도동서원 보물 담장  142

봉숭아 꽃물  145

아기 사마귀  148

천지를 뵙다  152

노는 입에 염불  161

달맞이  163

## 다섯. 다시 듣는 옛이야기

할매 곁에 놀다 보니

석산石山에서 삼씨 받기  168

왜 애꾸눈인고 하니  170

내 이름은 이 아기씨  172

천생연분  175

방 모으기  177

묘골 이야기  179

한글로 쓴 조리서 음식디미방  181

해랑교  187

여섯.

## 가사체로 다시 읽기

이상정 장군 제문  194

정인지 서  203

즐거운 여행  208

귀신통  210

두꺼비가 된 월궁 항아님  217

패자의 눈물로 쓴 승자의 역사 노트
　　　_현풍향교 답사기  224

발문 ┃ 정재숙 시인  226

새알빚어 꼭꼭눌러 희고둥근 반죽위에
진달래를 놓으면은 이게진정 원조화전
동백잎을 얹어보니 꽃분홍이 눈부시고
제비꽃도 색다르다 하얀나비 앉으려나

## 하나 : 꽃달임 하던 날

## 花煎歌
## 2014 가창 화전가

반가웠다 친구들아 화전놀이 즐겁던가
긴긴 겨울 찬 기운도 춘삼월에 훈풍 부니
양지쪽에 봄눈 녹듯 자취 없이 사라지고
꽃이 피고 새가 우니 우리 다시 만났구나
작년 가을 해후하여 일박 이일 날을 새며
삼십여 년 긴 세월을 거슬러서 돌아보니
여고 시절 앳된 얼굴 어제인 듯 드러나고
염색으로 감추어진 윤기나던 검은 머리
곱게 곱게 빗어 내려 양 갈래로 묶었을 제
신라문화 계승하는 문화축제 펼칠 적에
구슬 장식 족두리에 선화복을 곱게 입고
나비인 듯 선녀인 듯 오색 천을 엮어내며
나풀나풀 가배 놀이 너무나도 흥겨웠지

방송 출연 공연했던 반월성은 그대론데
전국 팔도 흩어져서 각자 바삐 살다 보니
삼십여 년 긴긴 세월 소식조차 모르다가
오십 되어 상봉하니 이 얼마나 다행인가
나이 들어 친구 만나 그 기쁨을 알고 보니
보고 싶은 얼굴들아 자주자주 만나 보자
첨성대며 계림 숲은 천 년 넘게 그 자리나
사람 사는 세월이야 백 년 가기 어렵더라
우리 제발 이제 다시 헤어지지 말자하고
지역 따라 형편 따라 정기모임 결성하니
우리 모임 오늘이라 손꼽으며 기다렸네
지난겨울 유별나게 어찌 그리 길고 긴지
기다리는 이내 마음 가이 없이 지겹더라
변함없는 세상 이치 겨울 가면 봄이 오니
이것저것 알뜰살뜰 화전놀이 준비해서
가창으로 가는 길이 꿈길인 양 설레인다
맑은 물을 가득 담은 대구 젖줄 가창댐을
굽이굽이 휘휘 돌아 공방 찾아가는 길에

줄지어 선 벚꽃 터널 하얀 꽃눈 펄펄 내려
무릉도원 여기런가 봄날 정취 가득하다
벚꽃 터널 지난 후에 이리저리 둘러보니
초록 새순 돋는 숲에 만화방창 화려하고
공방 입구 백구마저 자연 품에 유유자적
선주 공방 들어서니 작품들로 그득하다
오목조목 예쁜 그릇 하나같이 귀하구나
은은하니 깊은 색깔 주인 품성 닮았으며
화려하다 접시 그림 절로 눈을 끄는구나
작품 풍년 흔하다고 부지깨도 하나 차지
좋은 작품 하도 많아 이것저것 구경하다
시간 간 줄 몰랐더니 여기저기 친구 얼굴
꽃보다도 어여뻐라 인정 깊은 권경희며
찬란하다 미경 선생 다재다능 주인 선주
발 품팔이 원숙 선생 지구 좁다 노은주요
스텝 하면 면희 선생 현모양처 손선희요
알바 쓰고 연희 왔네 대구 기자 영옥이도
방긋방긋 은숙이도 우아하다 혜경이요

얌전터라 정남이라 귀여워라 한태현이
조근조근 허순남이 사업 수완 경순이에
불원천리 김포에서 미영이도 찾아왔네
어영부영 이내 몸도 끼워 주니 무한 영광
여기저기 얼싸안고 기쁜 인사 나눌 때
주인 선주 저만치서 힘든 반죽 다 해놨네
쑥떡 하나 먹어 가며 화전 부침 시작하니
새알 빚어 꼭꼭 눌러 희고 둥근 반죽 위에
진달래를 놓으면은 이게 진정 원조 화전
동백잎을 얹어 보니 꽃분홍이 눈부시고
제비꽃도 색다르다 하얀 나비 앉으려나
유채꽃을 꽂으면은 노랑나비 춤을 출까
민들레가 예쁘지만 맛이 써서 못 먹겠네
허브 쑥 잎 미나리 잎 꽃을 도와 빛을 내니
주인공만 대단하냐 조연 역할 무시 마라
세상에서 하나뿐인 격조 높은 수제 자기
색깔 크기 맞춰 가며 맘껏 골라 상 차리니
음식들도 갖다마는 그릇 호강 웬일인고

동해에서 참 가자미 광어 우럭 대령이오
시집 못 간 고령 돼지 가창으로 신혼여행
천적 재배 토마토는 곡성에서 왔다는데
먹어 보니 기가 막혀 자꾸자꾸 손이 가네
쑥인절미 쑥절편에 호박 시루떡도 풍년
수성시장 장인 할매 감주까지 시원 달콤
쌉싸름한 산나물은 청도에서 넘어왔고
처음 먹는 오가피 순 너무나도 맛나더라
가창 산지 미나리도 향긋하니 일품이고
김장김치 쌈장 초장 순남 총무 고생했소
물 건너온 오렌지는 뒷전에서 찬밥 신세
반백 년 된 우리 입엔 신토불이 최고일세
갖은 야채 쌈을 싸서 이 입 저 입 먹여 주며
하하호호 웃음소리 가창골이 들썩들썩
뒷문 아래 맑은 물이 봄 노래로 화답하고
앞마당엔 장독마다 간장 된장 익어 가네
무릉도원 부럽잖고 신선놀음 따로 없네
도예 장인 친구 선주 세심하게 가르쳐준

공방에서 물레 체험 그것 또한 별난 재미
너도나도 초보 솜씨 그런대로 볼 만하다
마파람에 게 눈처럼 하루 해가 어디 갔나
친구들아 오늘 일은 머릿속에 새겼다가
속상한 날 힘든 날에 다시 꺼내 펼쳐보며
인생살이 고단함을 잠시나마 달래보자
입가에는 고운 미소 가슴속엔 깊은 우정
일 년 동안 오늘처럼 건강하게 지내다가
모이는 날 되거들랑 번개같이 달려오소
이 꽃 저 꽃 곱다 한들 벗 꽃만큼 곱겠는가
맘속에 핀 벗 꽃이야 세월 간들 시들겠나.

졸업 30년 만에 만난<br>
경주여고 32기 대구동기회를<br>
마치고 처음 쓴 가사입니다

## 청학동에 가사 피다

살랑살랑 춘풍 타고 약속한 날 돌아왔네
매화 피는 새봄 오면 봄나들이 가자 하고
일월 십삼일에 처음 만나 맺은 약속
덕천 강가 지묵 님이 쇄소응대 한다는데
이날 오기 기다리다 학 모가지 될 뻔했네
마음이야 삼동 내내 벌렁벌렁 했지만
비단보에 꽁꽁 싸매 벽장 안에 두었는데
매화 잎에 봄눈 녹고 산수유꽃 왕관 쓰니
일박 이일 떠나는 날 3월 24일 돌아왔네
이리저리 차편 준비 먹거리도 약간 챙겨
봄바람에 맘껏 펼칠 마음만은 듬뿍 준비
가는 사람 벙실벙실 웃음꽃이 피었지만
가고파도 못 가는 분 안타까움 어찌할꼬

랜터카를 준비해 준 순남 님은 집안 잔치
손꼽으며 고대하던 송애 공리 급한 용무
다인 님과 종숙 님도 가고 싶어 발만 동동
울산에서 은숙 님은 새벽부터 야단법석
들고 지고 기차 타고 대구 향한 소식 온다
청예 공리 이리저리 봉사 운행 고맙구려
여기저기 타고 보니 일곱 분이 출발하네
잦은 봄비 비켜 가고 맑은 날씨 부조하니
지리산을 향한 마음 출발부터 신이 나서
시끌벅적 하하호호 휴게소에 금방 왔네
떡과 차를 꺼내놓고 중간 참을 먹는 중에
청학 님의 도착 알림 문자 오니 반가워라
가다 보니 예담 마을 길 중간에 있었으나
반가운 님 보고 싶어 두고 보자 통과했네
길가에 맑은 물은 만 폭 비단 펼친 듯이
봄 햇살에 반짝이니 말만 듣던 덕천이라
덕천강을 거슬러서 지묵 공방 도착했네
처음 만난 회원들도 글로 사귄 인연이라

악수 포옹 화기애애 반가워서 난리 났네
선풍도골 도를 넘어 자유 영혼 즐기시는
지묵 님이 준비하신 오골계며 토종닭이
지리산에 갖은 약초 아름 가득 품고서는
설설 끓는 대형 솥에 삼각관계 하고 누워
흐물흐물 녹아내려 네 몸 내 몸 하나 되어
어느 것이 내 다린지 어느 것이 네 날갠지
혼연일체 다 되어서 우리를 기다렸네

반가워라 촌닭들아 내 손 잡고 나오너라
네가 있던 빈자리는 찹쌀 자루 채워주마
천왕봉 발치에서 선잠 자다 뽑혀 나온
오래 묵은 더덕일랑 방망이로 자근자근
갖은양념 듬뿍 발라 그냥 먹고 구워 먹고
빈 배 채운 가사꾼들 입을 그냥 쉬게 두랴
역사가며 서예가인 가사 대가 모임당 님
짓고 쓰신 두루마리 지묵 님께 선물 준비
어찌 그냥 전하리오 펼쳐 내며 읽으시니

덕천강물 흘러가듯 그 사연이 매끄럽다
가는 날이 장날이라 약초시장 구경 가네
지리산에 갖은 약초 너른 장에 다 있지만
오후 촌장 파장이라 장꾼들이 별로 없어
구경하러 간 것인지 구경거리 된 것인지
약방에 감초 같은 지묵 님의 유명세를
장터에서 다시 한번 확인하는 기회였네
지묵 공방 오는 길새 산천재가 우뚝하니
남명 조식 선생님이 후학 양성 힘쓰던 곳
더군다나 때맞추어 남명매가 활짝 피어
지나가던 우리 일행 매향으로 사로잡네
마음먹고 찾아올 곳 운이 좋아 절로 보네
부른 듯이 나타나서 구구절절 해설하신
문화유산 해설사 님 그분 또한 고마웠소
덕천강가 산천재서 바라보는 천왕봉이
기를 준단 말을 듣고 가슴 펴고 늘어서서
기 받으며 호흡하니 심신 가득 기운 충전
지묵 님의 공방 옆에 파릇파릇 텃밭 있어

호미 들고 냉이 캐기 원추리며 쑥 뜯기는
나물 캐고 텃밭 매고 도랑 치고 가재 잡기
바구니 속 봄나물은 파르라니 데쳐내어
갖은 양념 조물조물 맛깔나게 무쳐내니
저녁상에 봄 향기가 물씬물씬 피어난다
강가에서 놀다 보니 밤 기운이 싸늘하여
지묵 님이 예약해 둔 강변 펜션 찾아들어
두루마리 한지 내어 읽고 쓰기 체험 시간
처음 읽고 만져보는 두루마리 즐기느라
여인네들 하하호호 남정네도 허허허허
내방가사 읽고 쓰는 남정네들 걱정 마소
여인 전용 글질했다 잡아가는 법은 없소
이런저런 얘기 끝에 산골 마을 밤이 깊어
준비해 간 윷놀이는 꺼내지도 못해보고
새벽녘에 잠이 들어 눈을 뜨니 창이 훤해
문을 열고 내다보니 천왕봉에 해 걸렸네
지묵 님의 팬인 아낙 밥과 김치 보태주니
마주 앉아 먹는 아침 라면조차 별미로다

삼성궁이 유명한 곳 청학동을 구경 가자
우리 혼을 지키고자 만들어진 명소이니
한복 차림 제격이라 무명 치마저고리를
챙겨 입고 나섰더니 입은 나도 기분 좋고
구경꾼도 하나같이 부러워라 쳐다보네
구불구불 계곡 따라가는 길도 절경인데
청학동에 다다르니 별천지가 여기로세
푸른 학이 나래 펴서 저 하늘을 오르는 듯
자연석을 쌓고 쌓아 세운 탑이 얼마인지
천연바위 쪼고 쪼아 만든 계단 몇 개인지
인력으로 이룬 일이 이다지도 장엄할까
오십 년의 세월 동안 이루어진 역사되니
장승마저 백골 되어 비스듬히 눕는구나
동쪽에는 천왕봉이 서쪽에는 반야봉이
중앙에는 영신대가 병풍처럼 펼쳐진 산
영신대가 흘러내려 청학동이 되었으니
학소대에 푸른 학이 나래 펴고 비상하네
최치원과 도선국사 동방 제일 명승지로

꼽아주던 지리산에 대역사를 이루었네
좋은 사람 마음 엮고 별천지를 구경하니
나도 몰래 덩실덩실 어깨춤이 절로 난다
잔설 녹아 고인 물에 개구리가 알을 까서
꼬물꼬물 올챙이로 변신하는 모습 보니
내방가사 앞날 또한 번창할 일 예감이라
삼성궁을 구경하고 청학미가 내려와서
훈장님 상 그득하게 차린 점심 먹고 나서
두루마리 뒤적이다 읽은 것이 부모은중가
다 같이 둘러앉아 한소리로 읽다 보니
가슴속이 뭉클뭉클 콧잔등이 시큰시큰
매력적인 내방가사 참된 맛에 빠져든다
지묵 님만 남겨두고 청학 님은 창원으로
대구팀은 오는 길에 예담 마을 둘러보네
한국에서 아름다운 1호 마을 지정된 곳
여러 문중 옹기종기 사이좋게 살던 마을
마을 입구 부부 목이 예사롭지 않은 형상
백의종군 이순신이 하룻밤을 묵어간 곳

일박 이일 놀았지만 헤어짐은 아쉬워라

여보시오 회원님들 이내 몸이 복이 많아

오나가나 귀인 만나 좋은 인연 맺었으니

영원토록 동행하며 내방가사 즐겨보세.

2018. 3.

## 2019 옻골 화전가

복사꽃이 활짝 핀 길 무릉도원 들어오듯
대구 명산 팔공산이 포근하게 감싸 안은
비보숲이 보호하는 옻골마을 들어서니
조선 중기 경주 최씨 대암공이 터 잡은 곳
마을 입구 회화나무 팔 벌려서 반겨 맞고
돌담길을 따라가면 줄지어 선 기와집들
안쪽에는 유서 깊은 최씨 종가 백불고택
대구 지역 최고最古 건물 국가 지정 문화재요

마을 입구 화전고택 사람됨의 기본 자질
인성 예절 전파하는 한예원의 터전이라
아름다운 우리 문화 전통 민속 사랑하는
임 원장님 진작부터 화전고택 주위에다

거친 땅을 다독여서 꽃동산을 만드시고
참꽃 필 때 맞추어서 화전놀이 준비했네
물 뿌리고 마당 쓸고 차일치고 멍석 깔아
선배 후배 이웃 넘어 대구 시민 즐겨보세

삼국시대 기록에도 전해 오는 화전놀이
새봄맞이 풍속으로 방방곡곡 즐겼으나
조선 후기 들어서서 영남 지방 특별하게
타 지역에 볼 수 없는 내방가사 화전가를
구구절절 지어내어 읽어가며 회포 푸니
어디에도 유례없는 아름다운 우리 풍속
담장 밖은 언감생심 시집살이 등이 휠 때
근친 길이 으뜸이요 화전 길은 버금이라
옛 여인들 일 년 중에 허락받은 하루 외출
가슴속에 쌓인 회포 맘껏 풀던 화전놀이
갖은 꽃을 골라 따다 반죽 위에 장식하며
기름 두른 팬에다가 고운 화전 부쳐내어
선배님요 맛 좀 보소 후배님도 들어보소

맛도 좋고 향도 좋고 인정이야 더욱 좋아

까르르르 웃음소리 옻골마을 들썩들썩

이 꽃 저 꽃 곱다 한들 사람 꽃에 비하겠소

옻골마을 화전대회 얼굴마다 꽃이 폈네

여러분들 오늘 일을 마음속에 새겨두고

일 년 동안 건강하고 무탈하게 지내다가

내년에도 화전놀이 번개같이 달려오소.

          2019년 한국인성예절교육원 주최
             옻골 화전놀이 낭송

## 梅花讚歌
### 매화찬가

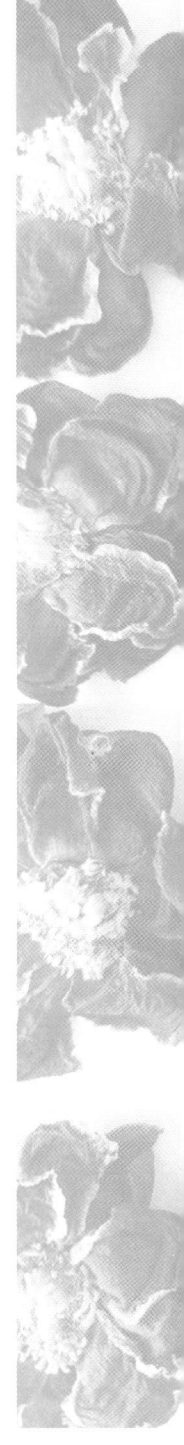

어젯밤에 진눈깨비 하염없이 내리더니
밤새내린 눈송이가 꽃송이로 변한듯이
오늘아침 저가지에 매화송이 벙글었네
엄동설한 맹추위를 온몸으로 이겨내고
눈보라를 헤치고서 찬바람결 녹여내며
어디에서 오셨는가 귀하고도 아름답다
고운꽃잎 실눈떠서 향주머니 끈을풀어
은은하고 깊은향기 살랑살랑 풀어내며
따순햇살 대지위로 흔전만전 초대한다
매화향을 품은바람 산천으로 번져가니
마른나무 가지에서 초록새순 불러내고
적막하던 숲속에서 새들소리 정다워라
매화꽃을 스친빗물 대지위에 떨어지니

움츠러든 언땅에서 아지랑이 길어내고
긴잠자던 만물들이 기적처럼 소생한다
여리고도 강인하다 다섯장의 저꽃잎이
굳게닫혀 잠겨있던 봄의빗장 풀었으니
해가뜨면 아침이듯 매화피니 새봄이라
곱고고운 저매화의 아름다운 자태보소
백매화의 고고함을 만첩홍매 화려함을
고혹적인 저모습이 무쇠인들 못녹일까
송죽과 더불어 모진겨울 견뎌내니
혼탁한 세상에서 곧은지조 강한기상
선비기품 나타내는 세한삼우 되었구나
매란국죽 사군자중 첫손가락 꼽히는건
불의타협 허용않는 선비정신 표상이니
시인묵객 영원토록 매화꽃을 노래하네
일지매의 매화가지 의로움의 상징이요
매화잠을 꽂은여인 일부종사 정절이요
매화문양 은장도는 여인절개 표상이라
매화종류 수도많아 두루두루 살펴보니

희고고운 백매화요 붉은색은 홍매화요
붉다못해 검붉으니 흑매화라 불리고요
밀랍같은 연노란색 고운꽃은 납매라네
청색띠어 청매화요 동짓달에 동지매요
섣달에는 납월매요 눈속에핀 설중매라
오래된건 고매古梅이며 홀로쓸쓸 고매孤梅라네
열매조차 쌍쌍이면 원앙매라 불리고요
휘늘어진 수양매요 탐스러운 옥매화라
화려하다 창덕궁에 사백년된 만첩홍매
낙선재에 백매홍매 끊임없이 피어나서
조선왕실 옛이야기 새봄마다 속삭이네
동방주자 퇴계선생 매화사랑 지극하여
매화분을 마주하고 술잔조차 나누시며
매화시를 많이지어 매화시첩 남기시고
매화분에 물주기를 부탁하고 가셨으니
도산서원 퇴계매는 퇴계선생 흠모해온
두향이의 혼이깃든 백매화가 아니던가
신사임당 매화사랑 남다르게 극진하여

어린율곡 벼루에도 매화가지 새겼으니
오죽헌에 핀매화는 율곡매라 불린다네
통도사에 홍매화는 자장매라 불리는데
통도사를 창건하신 자장율사 기리는뜻
천년고찰 잘어울려 한폭그림 풍경화요
백양사에 고불매요 금둔사의 납월홍매
선암사에 선암매요 화엄사에 화엄매라
송광사에 송광매요 운조루에 운조매라
우리민족 매화사랑 유별나게 지극하여
의식주에 구석구석 알뜰히도 배었구나
궁궐이며 서원사찰 담장문살 매화문양
매화문양 소반에다 매화다식 곁들여서
매화그림 찻잔에다 매화차를 마신후에
매화장에 매화금침 매화꿈을 꾸겠구나
매화자수 지갑여니 어몽룡의 월매도가
오만원권 지폐속에 자랑스레 피어있고
뒤에숨은 천원권에 매화송이 웃음짓네
긴겨울이 지나가면 봄이다시 오는것은

인생사에 이치또한 틀림없이 그럴지니
세상사에 지친이는 매화보고 희망얻네.

2017. 2.

## 위대한 대한민국

올해도 봄이 와서 매화꽃이 피고 지고
참꽃 피고 벚꽃 피고 라일락도 피었지만
우리들은 코로나로 봄을 잃고 헤매네요
눈으로 볼 수 없는 몹쓸 역병 바이러스
2019 막바지에 중국 우한에서 발생
영상으로 미리 보는 무법천지 광경은
무자비한 인권탄압 상상 못 할 아비규환
병보다도 더 무서운 공포심이 먼저 와서
우리들의 마음 자락 두려움에 젖었는데
발 없는 못된 병이 코로나19 이름 달고
서해를 건너와서 우리 대구 침노하고
인근 지역 경북 청도 제멋대로 분탕질 후

어느새 전국으로 온 세계로 번져가네
중세시대 유럽에서 페스트가 판을 쳐도
멀리 있는 이 땅에선 소식조차 몰랐으나
교통 통신 발달로 지구촌이 하나 되니
석 달 만에 찾아온 세계적인 대유행은
인종 국경 가리잖고 확진자가 폭증하니
나라마다 힘을 다해 질병 맞아 전쟁하네
중국 다음 괴질 닥쳐 놀라기는 하였으나
의연한 대구 시민 사재기는 볼 수 없고
강제 봉쇄 없었지만 스스로 발을 묶고
행여나 타인에게 폐는 되지 않을까
혹시나 내 몸에는 전염되지 않았을까
마스크로 입을 막고 상대 배려하는 마음
마스크가 부족해서 발을 동동 구를 때는
여유 있는 마스크는 힘든 사람 생각해서
내 마스크 타인에게 양보하는 사랑 실천
질병관리 본부는 남모르게 대비했고
생명과학 연구소와 관련 산업 기업에서

유행 전에 발 빠르게 진단 시약 개발하고
세계에서 제일 먼저 차 탄 채 검진으로
방역 팀이 활용한 기발한 검사 방식
의심나면 찾아내어 적극적인 검사하고
환자 상태 경중 따라 격리하고 치료하니
이제는 웃 불 꺼진 상황이 되었지만
여기저기 남은 불씨 방심할 수 없는 현실
앞으로도 조심조심 신중하게 대처해요
의사와 간호사는 사명 다한 직업의식
병마와 싸우는 최전선에 병사 되고
자원봉사 앞장서는 위대한 시민들은
곳곳에서 힘을 합친 의병 되어 활약하네
임진왜란 병자호란 일제강점기 한국전쟁
나라가 어려우면 백성이 고생했고
나라를 지킨 것도 백성들의 힘이었지
위대한 대구 시민 일치단결 대응하고
대한민국 온 국민이 힘을 합쳐 이룬 성과
어려울 때 제대로 드러나는 국민성은

국채보상운동과 IMF 금 모으기
국민들의 힘으로 나라를 지켜냈지
우리 뒤에 닥친 환란 대처하는 여러 나라
우왕좌왕 혼란 속에 큰 어려움 겪으면서
모범이자 희망이 된 우리나라 본을 받아
대한민국 배우자고 한목소리 내는구나
우리들만 몰랐구나 우리나라 위대함을
남이 먼저 아는구나 우리 국민 대단함을
이제 보니 우리나라 최고 선진국이어라
감동적인 이웃사랑 대단해서 대한민국
알뜰살뜰 국민 챙긴 국가 있어 고마워라
코로나가 가져올 세계적인 지각변동
투명하고 민주화된 일등 국가 대한민국
난중에도 전화위복 세계 속의 중심 국가
세계 제일 IT 강국 세계 최고 의료보험
국가와 공무원은 국민 보호 우선하고
기업은 기업대로 아낌없는 통 큰 기부
시민은 시민대로 기부 물결 이어지고

많이 줄 게 없으면 적게라도 나눠 갖고
물질 없어 못 나누면 맘이라도 나눠 갖는
위기 맞아 빛이 나는 자랑스러운 우리 국민
사회적인 거리 두되 심리적인 거리 좁혀
3월 말경 완치자 수 확진자를 넘어서나
대부분 시민은 지루한 격리 생활
아직도 학생들은 등교조차 못 하고
문을 닫은 상가들이 골목마다 줄을 서도
일치단결 힘을 쓰면 좋은 날이 오겠지요

화전놀이는 예로부터 꽃이 피는 봄날에
산 좋고 물 좋은 곳 동네 여인 다 모여서
참꽃으로 전을 부쳐 춘궁기를 이겨내고
화전가를 읊으면서 아픔 슬픔 털어내고
힘든 이웃 위로하고 좋은 일은 기뻐하며
시끌벅적 한 해를 시작하는 행사였죠
올해는 온 세상이 질병으로 힘든 시간
상화 시인 생가에서 단둘이 마주 앉아

라일락꽃 그늘 아래 화전을 부치면서

영상으로 전해질 화전가를 읊는 것은

오래전 이 땅에서 빼앗긴 들에도

어김없이 겨울 지나 봄이 찾아왔듯이

머지않아 코로나도 물러가란 뜻이지요

위대한 대한민국 세계의 중심 국가

시련의 강을 건너 부흥의 봉우리에

전화위복 기회 되어 인정받는 국가 품격

세계의 정수리로 우뚝 솟을 우리나라

공동체 정신으로 빛나는 우리 민족

장하다 대한민국 흥하리라 대한국민.

2020. 4. 2.
이상화 생가에서

# 꿀밤 떡

가화 선생 어느 날은 가사 하러 오시면서
어린 시절 흔히 먹던 꿀밤 떡을 싸 오셨네
어른들은 익숙하나 처음 보는 젊은이는
신기하네 별식이네 사람마다 다른 반응
요즘 세상 보기 드문 은근 열녀 혜완 선생
혼자 먹기 아까워서 품에 살짝 품고 갔네
여보 여보 이것 보소 꿀밤 떡 좀 잡숴보소
듣도 보도 못한 음식 부군 앞에 내놓으니
떡이라는 말에 솔깃 기대하여 받아들고
떡 그릇을 내려 보며 서운한 듯 말씀하길
"떡은 혼자 다 묵고서 푸석푸석 고물만을
이래 쪼매 남가가 뭐 할라꼬 싸 왔소?"
"귀한 거라 당신에게 맛이라도 보일라꼬

요짝 조짝 눈치 봐서 쪼매 얻어 왔구마는
나 혼자서 다 먹다니 그 말씀이 섭섭하오"
꿀밤 떡은 원래 이래 한 술 두 술 떠먹는 것
하하호호 별일이네 그런 떡도 있었던가
찰떡궁합 혜완 님네 웃음꽃이 피었다네
여보시오 여러분네 꿀밤 떡의 사연 들소
춘궁기에 먹기보다 굶는 날이 많던 시절
덕이 높은 참나무가 산 아래를 내려보니
마을에는 주린 백성 초근목피 연명 중에
들판에는 곡식들이 흉년들어 쭉정이라
알찬 열매 많이 맺어 귀한 목숨 구해보자
천지 기운 끌어모아 가지마다 휘어지게
올록볼록 알찬 꿀밤 가을날에 후두두둑
너도나도 그걸 주워 주린 배를 채웠으니
숱한 사람 명줄 이은 고맙고도 귀한 열매
꿀밤 떡은 어찌하나 그도 또한 들어보소
마른 꿀밤 거피한 후 물에 담가 우려내되
맑은 물이 날 때까지 몇 날 며칠 거듭하소

떫은 맛이 다 빠지면 많은 물에 푹 삶은 뒤
빼득하게 물기 빼고 소금간과 단맛 더해
먹기 좋게 적당하게 절구에다 찧어내소
배밑 따로 삶아두되 제물에 간을 하여
물기 없이 뜸 들인 뒤 채반에서 한 김 빼소
배밑으로 쓰기에는 팥이나 콩이나
밤이나 땅콩 등등 무엇이든 어울리오
절구에 쿵쿵 찧어 포슬포슬 하게 되면
꿀밤과 한데 섞고 꿀을 넣어 비벼내소

옛날에는 주린 백성 연명하던 먹거리요
어릴 때는 사카린을 녹여 넣어 맛 낸 음식
요즘에는 해독작용 다이어트 위장 건강
노화 예방 혈관 튼튼 몸에 좋은 건강식품
잊혀가는 옛 음식을 기록으로 남기는 건
먹거리가 넉넉해도 조상님들 살던 일을
자손 대대 잊지 말자 생각하고 쓰는 게요.

'꿀밤'의 표준말은 '도토리'입니다
안동 지역어 '배밑'은 밥이나 떡에 섞어 먹는
콩이나 팥 등을 의미합니다

2021. 4. 6.
이상화 생가 화전놀이에서 낭송

# 득호 경축가
得號慶祝歌

2010년 7월에는 하회마을 일원으로

2019년 7월에는 한국의 서원 중 하나로

세계유산 중복 등재된 유서 깊은 병산서원

병풍처럼 둘러친 사방 산세 조망하며

낙동강 위에 뜬 신선이라도 된 듯

드넓은 만대루에 경건하게 앉아서

대구여성박약회 영남내방가사연구회

회원들의 득호식을 거행하게 되었어라

세계기록 유산될 소중한 내방가사

지켜내는 중책 맡은 고귀한 여류 문사

이름 석 자 부르기엔 너무나도 민망하여

허물없이 부르고 교류하기 편하도록

고매한 인품과 학덕을 겸비한

장혜완 선생님이 호를 지어 주셨으니


김동기 여사님은 청곡이라는 호를 받고

이만식 여사님은 가화라는 호를 받고

김화자 여사님은 목화라는 호를 받고

조명자 여사님은 남헌이라는 호를 받고

이용순 여사님은 은림이라는 호를 받고

허순남 여사님은 유원이라는 호를 받고

김숙희 여사님은 문경이라는 호를 받았네


시, 문, 서, 화 작가들이 우아하게 쓰는 아호

집이나 집 주인을 부르기는 당호로다

예로부터 아호나 당호를 짓는 일은

자신이 스스로 짓기도 하였지만

부모나 친구, 스승이 지어 주었는데

거처하는 곳에 따라 소처이호所處以號

이루었거나 이루고픈 뜻에 따라 소지이호所志以號

처한 환경이나 여건에 따른 소우이호所遇以號

애호하는 것을 따서 소축이호所蓄以號 하였다네

고려시대 이규보는 여섯 개의 호를 썼고

예로부터 우리나라 호 많기로 유명한 이

추사 김정희는 503개의 호를 쓰기도 했다네

보통은 두 글자의 호를 즐겨 썼으나

추사는 열 글자의 긴 호도 썼다 하네


대구여성박약회 영남내방가사연구회 회원님들

전에 없던 안성맞춤 호 하나씩 가졌으니

새로운 세상에 첫 발을 내디딘 듯

좋은 글을 짓고 쓰고 낭송하기 더욱 즐겨

위대한 글 세계가 열리기를 축원하며

머리 위에 총총히 빛나는 별님과

은은하고 부드러운 구월 스무날 반달과

만대루 앞을 흐르는 낙동강과 더불어

경사스러운 득호식을 거행하게 되었으니

가슴마다 가득히 축하하는 마음이라

경축가를 지어서 기쁘게 읊어보네

청곡, 가화, 목화, 남헌, 은림, 유원, 문경 선생님

인생의 절정에서 새로운 호 받으심을

축하드립니다 축하드립니다.

2020. 11.
병산서원에서 소현당 낭송

## 포석정

무술년을 맞이하여 친구 찾아 경주 갔네
동창생만 친구더냐 경주 땅도 오랜 친구
발길 닿는 곳곳마다 천년 유적 널렸으니
친구들과 어깨 걸고 유적 답사 같이 했네
경주 배동 남산 자락 포석정이 사적 1호
신라 왕실 별궁으로 역대 임금 연회처라
김유신의 두 여동생 문희 보희 낭자들이
비단 치마 주고받고 꿈을 팔아 성사된 일
무열왕 김춘추와 문희 낭자 혼인식도
이곳에서 올렸다는 화랑세기 기록 있네
49대 헌강왕이 신하들과 어울려서
유상곡수 술잔 띄워 음풍농월 하시면서
여흥을 즐기실 때 남산신이 내려와서

왕과 함께 춤을 추니 어무산신 탄생이라
30대 문무왕이 신라 중심 월성 주위
동으로는 명활산성 서쪽으로 서형산성
게눈바위 중심으로 남산신성 설치하니
요새 중에 요새로서 군사시설 겸했으나
경애왕대 들어서서 견훤에게 침략당해
이곳에서 안타깝게 신라 운명 다하였네

이십 년 전 인근에서 제기류가 다량 출토
천신에게 국태민안 제사 지낸 곳이란 설
새롭게 대두하니 길흉사를 함께 치른
중요한 곳 추정하네 유물들로 추정하는
정자며 건물터는 세월 따라 풍화되고
화강암에 굽이굽이 홈을 파서 잇댄 수구
전복 껍질 닮았다고 포석이라 이름한 곳
지은 해는 기록 없고 망국 역사 전해지니
아름드리 느티나무 천년 묵은 포구나무
고목 아래 수구만 썰렁하게 남아있네

유상곡수 연회 역사 중국 일본 있다 하나

유적 유물 남은 곳은 포석정이 유일하다

유체역학 오묘함을 활용하여 흐른 곡수

일제강점기 왜인 손에 균형 잃고 말았다네

그 후로는 유상곡수 다시 볼 수 없었으니

우리 조상 신묘함을 어느 민족 흉내 낼까.

2018. 1.

님의 이름 물 한 언덕 자랑처럼 푸른잔디
그 위에서 후손들이 곧은 솔로 자라날 곳
백년세월 흘러가도 청년으로 계신 님은
곧고푸른 그 정신을 붉은 피로 새겼으니
천년만년 큰 강물로 도도하게 흘러가리

둘 : 얼쑤 절쑤

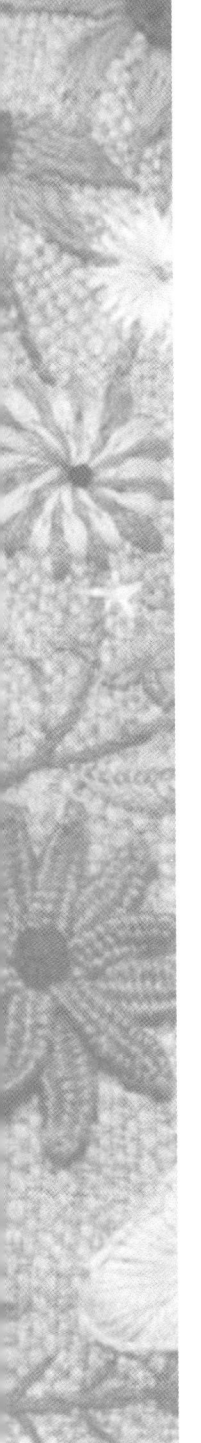

# 큰삼촌 내외분 회혼 경축가

산과들에 지천으로 울긋불긋 꽃이피고
가지마다 초록새순 윤기나게 피는철에
존경하는 우리삼촌 사랑하는 우리숙모
팔순잔치 회혼잔치 겸사겸사 한다하네
장정이던 우리삼촌 곱디곱던 우리숙모
어느결에 세월흘러 회혼잔치 한다하니
우리집안 생긴후에 처음있는 경사지만
무심세월 빠른것이 무던히도 한스럽다
세상에서 최고멋진 청년이던 우리삼촌
세상에서 가장곱던 새댁이던 우리숙모
할아버지 할머님께 지극정성 효자효부
십남매의 중심에서 형제간에 우애돈독
사남매의 부모로서 자식사랑 다하시고

조롱조롱 손자손녀 보살피고 돌아보니
어느결에 세월가서 회혼잔치 돌아왔네

축하하고 축하해요 삼촌내외 회혼잔치
걸어오신 자취마다 아름다운 꽃이피고
머물렀던 자리마다 향기로운 흔적남는
두분앞에 진심으로 축하인사 올립니다
어릴적에 작은집은 시시때때 가고픈곳
아지매야 부르면은 다정하신 우리숙모
두팔벌려 달려나와 못난질녀 보듬으며
세상없이 반겨주고 다정하게 대하셨죠
어린질녀 주시려고 바쁜중에 틈을내어
가마솥 뚜껑위에 들기름을 두르시고
우리숙모 해주시던 햇녹두속 부꾸미는
못난질녀 일생동안 잊지못할 음식이네
시집가는 질녀혼수 이부자리 해주셔서
잠자리에 들때마다 보송보송 숙모생각
부모님이 떠나시고 부모삼아 의지하며

어쩌다가 찾아오면 버선발로 반기신분
한끼점심 못먹고서 일어나는 두손에다
칼국수를 못먹인게 그렇게도 걸리는지
반죽밀어 송송썰어 싸주시던 우리숙모
몇년전에 질녀질서 온다소식 전해듣고
겨울새벽 바람속을 우리먹일 생각으로
새벽같이 죽도시장 회사오신 우리삼촌
어느누가 삼촌없나 어느누가 숙모없나
모든사람 있다해도 우리삼촌 숙모같나
그모든걸 알면서도 바쁘다는 핑계삼아
해바뀌어 설날와도 제때세배 못드리고
정성이 부족해서 전화조차 못드리고
친구만나 놀면서도 찾아뵙지 못했네요
우리에겐 태산같고 바다같은 삼촌숙모
인생살이 굽이굽이 쉬운곳이 있었을까
팔십여년 긴세월에 마디마디 숨은사연
인생사를 다엮으면 대하소설 되겠지만
가슴속에 차곡차곡 추억으로 담아뒀다

어느훗날 한두편씩 이야기로 풀어주소

양보하고 배려하며 올바르고 정직하게

일평생을 하루같이 살아오신 두분이라

온화하신 음성으로 가정화목 엮으시고

한결같은 실천으로 곧은길을 닦으시니

모든이의 귀감이요 후손에겐 자랑이죠

할머니를 모시면서 보여주신 그효심을

세월이 간다한들 어느누가 잊을까요

곁에서 보고배운 자손이 기억하니

두분또한 효도받고 일생을 사시겠죠

존경하는 우리삼촌 사랑하는 우리숙모

의술이 발달하여 백수하는 세월이니

큰병일랑 피해가고 작은병은 친구삼아

구구팔팔 행복하게 오래오래 살아주소.

2018. 4. 22.
포항시 삼촌댁 마당에서 치른 회혼 잔치에
직접 쓰고 읽다

## 윤동주 시비 제막 경축가

바다건너 북간도땅 동주님이 태를묻고
대한민국 어린새싹 자라나는 이터전에
문학시선 동인들이 아름다운 마음모아
민족시인 윤동주님 탄생백년 기념하는
시비세워 제막하는 뜻깊은날 맞이했네

일제강점 어려운때 바람앞에 촛불되어
심지마다 불건네고 스러져간 님이시여
대한민국 국민으로 뼈에새겨 간직코자
님이쓰신 맑은시를 돌에새겨 기리나니
솔향가득 이는이곳 님의혼백 머무르소

님의이름 묻힌언덕 자랑처럼 푸른잔디

그위에서 후손들이 곧은솔로 자라날곳

백년세월 흘러가도 청년으로 계신님은

곧고푸른 그정신을 붉은피로 새겼으니

천년만년 큰강물로 도도하게 흘러가리.

2018. 6. 1.
연변국제학교 교정에
윤동주 탄생 100주년 기념 시비를 세우던 날
현장에서 낭송

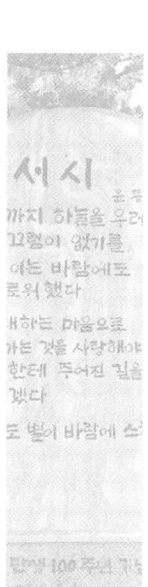

# 당신께서 가신 길

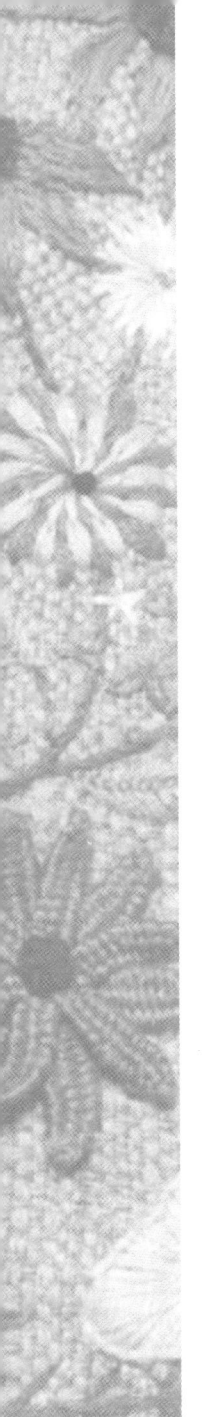

광복의 느꺼움이 이 강토를 적시고도

일흔세 해가 지나고 난 뒤에야

철길에 가려지고 그림자에 짓눌렸던

임청각 안채에도 햇살이 비치나요

발 아래 낙동강이 낮은 곳을 향해가듯

역사의 물줄기는 제 길을 찾을까요

먹장구름 이 강토를 무참히 짓누를 때

독립군의 손녀요 독립군의 손부요

독립군의 며느리요 독립군의 아내로서

짚신발로 언 땅 누빈 독립군의 어머니 되어

잿불 속에 잉걸불을 고이 지켜 내신 끝에

겨레의 뜨거운 피 여울져 흐릅니다

수로만리 육로만리 황망한 망명길과

눈보라 속 신행길 가슴 졸인 귀국길을

붉은 줄 그어가며 자국자국 따라가니

당신께서 걸어가신 가시밭길 끝자락에

아직도 신음하는 두 토막 난 이 강산이

살아남아 부끄러운 가슴을 누릅니다

그늘 깊은 큰 나무로 살다 가신 님이시여

당신이 별로 뜨는 머나먼 그곳에도

서간도의 바람 소리 여전히 들리나요

아름드리 베어져 그루터기 삭아 내린

자양분에 뿌리를 둔 빚진 목숨 모여들어

가슴에 손을 얹고 단심가를 부릅니다

임청각 돌계단 아래 끊이지 않는 발길

당신께서 가신 길을 잊을 리야 없겠지요.


2018년 광복절을 맞아 1990년에 작고하신 임청각 종부
허은 여사 영전에 독립훈장 애족장이 추서되었다
임청각은 대한민국 독립운동의 산실이다

11월 23일 3.1운동 100주년 기념
경북여성인물 재조명 심포지엄에서 헌시 낭독

# 정유년 새해 아침 비나리

정유년의 새아침이 열리려는 이른시간
정성담은 마음모아 비나리를 읊조린다
천지신명 굽어살펴 이소원을 들어주소
용두산성 너머에서 밝은해가 떠오르면
이세상에 만물이여 평화롭고 행복하라

가족간에 사랑넘쳐 웃음으로 마주하고
무얼먹든 건강하여 몸과마음 생기펄펄
움츠렸던 기운들이 사방팔방 뻗어나가
어딜가나 행운있고 뉘만나든 귀인되고
무얼하든 만사형통 좋은일만 생기소서
사회에서 일어나는 모든갈등 해소되고

음지마다 빛이들어 불행한이 없게하소
구석구석 어디든지 소외된곳 없게하고
세대간에 계층간에 지역간에 화합하여
모든사람 얼굴에서 웃음꽃이 피게하소

나라에는 바른정치 하루빨리 자리잡아
국민들은 생업열중 나라걱정 말게하소
우리들이 뽑은대표 자기역할 충실하여
처음먹은 마음처럼 나라위해 일하소서
조상대대 애써지킨 이나라여 평안하라

새해아침 세운소망 일년내내 잊지말고
꾸준하고 지혜롭게 실행하게 하옵소서
씨암탉이 품은알이 병아리로 태어나듯
계획하는 모든일이 열매맺게 하옵소서
정유년의 새해아침 두손모아 비옵니다.

2017년을 맞으며<br/>
내방가사 밴드에 게시한 글

## 무술년을 맞으며

세월의강 여울져서 새나루터 도착하니
황금깃발 펄럭이는 무술호가 기다린다
무슨수로 세월강을 거스를수 있겠는가
타고온배 정유년호 감사하게 보내주고
반짝이는 무술호에 가뿐하게 환승하자

백두산의 천지기운 방방곡곡 뻗어가고
동해바다 붉은일출 온세상을 비추어서
젊은부부 순풍순풍 자손번창 큰일하고
사람마다 적성대로 일자리를 찾아가고
집집마다 차곡차곡 통장잔고 불어나라
속이꽉찬 만두같은 무술년을 맞이하여

대문간에 황금견공 좋은일만 들이시고
정치하는 높은분들 맡은직분 다하여서
국민들은 요순시대 태평가를 부르면서
평화로운 나날들을 살아가게 해주소서
우리모두 손을잡고 희망에찬 새날맞아
발걸음도 가벼웁게 내일향해 나아갈때
마음마다 꽃이피고 발길마다 복이들며
엄동설한 겨울에는 햇살안고 가게하고
삼복더위 여름에는 그늘따라 가게하소

너도나도 생기펄펄 몸과마음 건강하게
만나는이 귀인이요 하는일은 만사형통
음지마다 빛이들어 소외된이 없게하고
새해아침 세운소망 계획하는 모든일이
하나하나 이루어져 열매맺게 하옵소서.

2018년을 맞으며
내방가사 밴드에 게시한 글

## 무술년을 보내며

무술년 마지막 밤 지난날을 돌아보니
내방가사 밴드 시작 삼 년째가 되었네요
첫 마음을 잃지 말자 매일같이 다잡으며
여러분들 격려 속에 한발 한발 걸어온 길
돌아보니 아득하고 앞을 보니 막막하네
밤하늘의 별들보다 수많은 사람 중에
내게 맡긴 소명이라 생각하며 걸어온 길
매 순간이 복되기도 때로는 힘겹기도
하루하루 나를 세운 지주목 된 내방가사
힘들 때나 기쁠 때나 함께하는 분들 덕에
하루라도 가사 운율 잊은 날은 없었지요

어느 날 내방가사 불티처럼 날아와서

내 영혼을 밝히며 내 안에 자리하니

그 불씨 꺼질세라 작은 초에 나눠 밝혀

이 손 저 손 건네주며 함께 가길 청했지요

다행히도 여러분들 가사 촛불 나눠 들고

미지의 길을 가는 동행이 되었지요

없던 길도 자주 가면 새 길이 생기듯이

우리가 함께 가면 새로운 길 생기겠죠

여럿이 함께하는 내방가사 밴드에서

댓글과 표정으로 응원해서 고맙고요

게시글 올리신 분 더더욱 감사해요.

2018년을 보내며
내방가사 밴드에 게시한 글

## 갈라 걸즈

영미 영미 여어엉미 애타게도 불러댄다
반질반질 얼음판에 스르르륵 스톤 따라
상대팀의 스톤일랑 저리 가라 비질한다
우리 스톤 하우스에 들어가라 닦아댄다
평창에서 들려오는 경상도 낭자들의
익숙한 사투리는 투박해도 친숙하다
우리 어릴 때만 해도 컬링이니 브룸이니
바다 건너 노랑머리 그들이나 즐긴 놀이
한반도에 우리는 듣도 보도 못한 놀이
우리나라 평창에서 꽃피울 줄 알았을까
자매 친구 선후배로 의성여고 대박 났네
부족국가 조문국 후 의성에서 최고 경사
경애, 은정, 선영, 영미 우리 이웃 이름 같고

동글동글 귀염상이 분간하기 어려워라

둘은 맨눈 둘은 안경 그것으로 구분할까

둘은 자매 둘은 친구 그것으로 구분할까

성도 김 씨 나이 비슷 말씨마저 똑같구나

올해 추위 유별나도 평창에서 치른 경기

후끈후끈 달아올라 추운 줄도 몰랐다네

북유럽의 추운 나라 그들에게 친한 경기

화기 그득 금성산에 매콤 알싸 육쪽마늘

먹고 자란 소녀들이 선전할 줄 알았으랴

금메달은 놓쳤지만 고귀하다 그 은메달

자랑스러운 갈릭 걸즈 고생했다 갈릭 걸즈

사랑한다 갈릭 걸즈 갈릭 걸즈 최고구나.

2018. 2.

## 2020 경주 들쑥날쑥 문화제 경축가

신라 천년 얼이 서린 유서 깊은 경주에서
세상을 널리 널리 이롭게 할 몇몇 분이
머리 맞대 쑥덕쑥덕 쑥덕 공론 하신 끝에
'2020 경주 들쑥날쑥 문화제'를 열었으니
저도 불쑥 찾아와서 크게 축하합니다
어두운 동굴에서 삼칠일 간 쑥을 먹고
아리따운 여인으로 변신하신 웅녀님이
홍익인간 실천하실 단군왕검 낳으셨듯
화랑 후예 우리들이 오늘 하는 이 축제에
들쑥날쑥 오신 분도 좋은 일만 생기시고
말쑥하게 차려입은 신사 숙녀 여러분들

불쑥불쑥 기운 돋아 만사형통 하소서
바구니 낀 여인네는 겨울 냉기 뚫고 나온
산에 들에 쑥을 캐다 무엇을 하려는고
비타민과 무기질이 풍부한 쑥을 캐다
국 끓이니 쑥국이요 전 부치니 쑥전이요
덖어 말려 두고두고 쑥차로도 즐겼다네
가지가지 떡을 하니 그 종류를 보자 하면
쑥을 넣은 찰밥에다 쿵덕쿵덕 떡메 치니
쑥대머리 동네 아이 몰려드는 쑥인절미
맵쌀에다 섞어 찌면 매끈매끈 쑥절편
불린 쌀과 둘둘 갈아 시루에 찐 쑥설기
고물 놓아 켜켜로 안쳐 찌니 쑥시루떡
쌀가루든 밀가루든 아무거나 버무려서
툴툴 털어 쪄냈으니 쑥버무리 쑥털털이
보릿겨에 쑥 섞어서 막 쪄내니 쑥개떡
송편 반죽 쑥 넣어서 빚어내면 쑥송편
밀가루 반죽 쑥 섞어서 밀어 썰면 쑥국수요
뚝뚝 뜯어 끓여 내면 쑥수제비 되는구나

춘궁기에 보릿고개 쳐진 기운 보충하고
주린 창자 채워주며 목숨 줄을 이었다네
양기 겹친 단옷날에 쑥 베러 간 남정네야
그 쑥 쓱쓱 베어다가 어디에다 쓰려는고
여보시오 이 사람아 <동의보감> 읽어보소
溫經止血 散寒止通 調經安胎 除濕止痒
(온경지혈 산한지통 조경안태 제습지양)
어려운 말 그만두고 쉽게 쑥쑥 말하자면
경락을 따뜻하게 지혈작용 도와주고
갱년기 마눌님의 부인병도 다스리고
며느리의 몸을 보해 손주 얻기 얼른 하고
습한 기운 물리치니 피부병에 최고라네
삼 년 묵은 쑥으로 칠 년 묵은 병 고치니
항암, 변비, 아토피, 강장, 살균, 해독작용
혈액 정화 갖은 효과 누구에나 다 좋다네
쑥뜸에 좌훈, 좌욕, 쑥탕에 몸 담그기
알고 보니 만병통치 쑥의 효능 아니던가
예로부터 조리서에 쑥 요리가 등장하니

삼백오십여 년 전에 장계향 선생께서

한글로 쓴 조리서인 <음식디미방>에서

쑥탕을 기록하길 '정이월에 쑥을 뜯어

지렁국에 달이고 생치를 잘게 쪼아

달긔알에 기름 놓고 마른 비웃 잘게 뜯어

넣어 끓이면 가장 좋으니라' 하였고

조선 말기 상주에서 전해오던 요리책을

상주군수 심환진이 필사해 둔 <시의전서>에는

색도 좋고 맛도 좋은 애탕국이 나오며

<동국세시기>, <산림경제>, <규합총서> 등

옛 조리서에 빠짐없이 쑥이 기록되었으니

신토불이身土不二 약식동원藥食同源 근본 되는 쑥과 함께

흔한 것이 귀한 거라 조상대대 함께 했네

옥토 박토 가리잖고 지천에 널린 쑥을

자세히 살펴보니 종류도 다양하다

단오 전 아무 때나 캐다 먹는 일반 쑥

약성이 강할수록 천케 불러 개똥쑥

찬 겨울을 지나도 기가 펄펄 인진쑥

물기 많은 논두렁에 나물거리 물쑥이며
나물 먹고 꽃도 보는 고마운 벗 쑥부쟁이
하늘이 내린 선물 몸에 좋은 쑥을 먹고
힘을 내어 얼쑤 절쑤 어깨춤을 추어보세
밟혀도 베어져도 끄떡없이 다시 솟는
나쁜 기운 물리치는 쑥 연기를 피워 내어
온 세계를 쑥대밭 만든 멀리서 온 불청객
코로나19도 쑥으로 썩썩 물리치세.

2020. 8.
경주에서 읽다

## 원조 한류, 최고운

신라 말 경문왕 때 열두 살 천재 소년
경주에서 당나라로 유학 떠난 최고운은
입신양명 하기 위해 졸음을 털어내며
밤낮을 안 가리고 학문에 열중하여
육 년 만에 빈공과에 장원급제 빛나도다
학문이야 출중하나 고향 생각 어찌하리
외로움이 뼈마디에 속속들이 스며들어
오언절구 <추야우중> 글로 써서 노래하니
천년 지나 우리들도 읊조리는 명시로다

秋風唯苦吟 추풍유고음

世路少知音 세로소지음

窓外三更雨 창외삼경우

燈前萬里心 등전만리심


쓸쓸한 가을바람에 괴로워 읊조리니

이 세상 뉘라서 내 마음을 알아주리

삼경이라 깊은 밤 창밖에는 비 내리고

등불 앞 외로운 맘 만리 밖을 달리네


이십 세에 이르러 종구품 관직 얻어

신라인의 몸으로 당나라의 관리됐네

어지러운 왕조 말기 혼란기를 틈타서

황소의 난이 일자 고변의 종사관으로

<토황소격문>을 지어서 보냈는데


하늘의 그물이 드높이 펼쳤으니

흉한 자는 반드시 제거되는 법이다

온 천하 사람들이 너를 처단 하려 하고
땅속의 귀신들도 너를 죽이려고 의논한다


강하고도 부드러운 글이 칼을 대신하니
혼비백산 하던 황소 침상에서 떨어지네
난리를 진압한 공 황제가 인정하니
자금어대 하사받아 자유로운 황실 출입
신라와 당나라의 문화교류 중심에서
시인 학자 역할 넘어 한중교류 물꼬 텄네
뛰어난 글재주로 명성을 얻었지만
향수병을 못 이겨 귀향을 결심하니
당나라의 사신 자격 부여하는 당 황제
서른에 금의환향 자랑스러운 신라 청년


그동안에 지은 시문 간추리니 이십여 권
유교 이념 담은 문집 <계원필경> 남겼으니
현전하는 최고最古의 개인 문집이라네
헌강왕의 명에 따라 여러 곳에 비문 짓고

당대의 문장가로 인정은 받았으나

진성여왕 등극하자 <시무십여조>를 올려

새 세상을 꿈을 꾸나 기득권이 어리석어

신라 천년 깊은 역사 종지부를 찍게 되네

유불선에 통달한 원조 한류 고운 님은

세상이 몰라주니 가야산에 은거하다

학을 타고 날아올라 신선이 되었다네

중국 유일 외국인의 기념관이 건립되니

세계를 주름잡는 문화 한류 시조 되네.

2020. 9.
경북대학교 '고운 최치원 국제학술대회' 식전 낭독

어느봄날 바람결에 실려오는 소식있어
웬일인가 궁금하여 귀기울여 들어보니
내방가사 경창대회 안동에서 있다하네
반백년을 살았어도 본적없는 별일이니
천가지일 만가지일 나몰라라 제쳐두고
어서빨리 서둘러서 구경하러 가보세나

셋

# 역사
될까?

# 내방가사 경창대회 관람가

어느봄날 바람결에 실려오는 소식있어
웬일인가 궁금하여 귀기울여 들어보니
내방가사 경창대회 안동에서 있다하네
반백년을 살았어도 본적없는 별일이니
천가지일 만가지일 나몰라라 제쳐두고
어서빨리 서둘러서 구경하러 가보세나
내방가사 무엇인지 학창시절 국어시간
잠시잠깐 배웠으나 구경이야 처음이라
두근두근 설레는맘 이몸보다 앞서가네
안동시청 별관에서 쪽진머리 모시한복
단정하신 내어머니 그모습의 어르신들
노래하듯 꿈을꾸듯 푸념하듯 한을풀듯

귀에익은 그소리로 두루마리 풀어내며
구성지게 재미나게 하염없이 창하시니
울어머니 살아생전 그모습을 다시본듯
내마음에 창을내고 긴세월에 다리놓아
풀어헤친 두루마리 하얀폭을 되짚어서
오래전에 떠나가신 어머니를 마중가네
나어릴적 울어머니 디딜방아 찧어가며
한도많은 인생살이 풀어내던 그소릴세
방앗고에 알싸하게 매운냄새 묻어나던
고춧가루 맵다한들 넉넉잖은 살림살이
아홉동생 키워내고 칠남매를 길러내신
울어머니 인생보다 더맵기야 했겠는가
어머니의 일생이야 고추보다 맵다해도
철모르던 우리들은 볶은콩을 빻고빻아
고운채로 치고또친 콩가루맛 잊겠는가
동지섣달 긴긴밤에 가마솥에 엿고을때
겻불앞에 마주앉아 옛이야기 들려주던
울어머니 다정하신 그모습도 생각나네

장마지는 오뉴월엔 비오는날 허송할까
부뚜막에 걸터앉아 비지땀을 흘리면서
가지가지 곡식볶아 미수가루 만드시고
제사잦은 동지섣달 머리맡에 콩나물은
서리아침 시린손발 콩대뽑아 타작하고
밤잠조차 설쳐가며 물을줘서 시루가득
하나하나 돌고르고 티골라낸 콩을불려
어처구니 부여잡고 맷돌돌려 갈아내어
몽글몽글 맛난두부 한판가득 만드셨네
바쁜중에 틈이나면 반닫이에 들어있던
두루마리 풀어가며 흥얼흥얼 읊조리던
내어머니 그모습을 여기에서 보는구나
삼복더위 여름밤엔 마른햇쑥 불을지펴
뭉게뭉게 연기나는 모깃불을 피워놓고
매운연기 부채질로 이리저리 흩어가며
자장가를 불러주신 울어머니 노랫소리
아련하게 들으면서 멍석위에 드러누워
은하수가 흘러가는 밤하늘을 쳐다봤네

그은하수 물길위에 마음으로 곱게접은
종이배를 띄우면은 칠월칠석 까막까치
오작교를 만들어서 견우직녀 상봉할때
오작교밑 은하수에 띄워놓은 종이배는
견우직녀 상봉눈물 이별눈물 더한강에
꿈도싣고 한도싣고 두리둥실 잘도갔네
오랜세월 지났건만 흰쌀밥에 팥물배듯
내영혼에 깃든소리 내어머니 고운소리
여기와서 들어보니 너무나도 반가워라
인생살이 지쳐가던 이내마음 한자락도
오늘같이 좋은날엔 거칠고도 따슨손길
포근하고 아늑하신 엄마품에 깃들어라
마루밑에 쪼그리고 자울자울 졸며듣던
멍멍이는 어디가고 마굿간에 끔뻑끔뻑
되새김질 하며듣던 누렁이는 어디갔나
열살즈음 고향떠나 이나이가 되고보니
부모님은 떠나시고 형제자매 흩어지고
초롱초롱 빛나던눈 돋보기에 의지하네

이른봄날 아지랑이 모락모락 피어나듯
내어머니 옛모습이 아련하게 떠오르는
내방가사 경창대회 처음으로 구경하니
오래전에 먼길가신 보고싶은 울어머니
여기와서 재회한듯 반가운맘 주체못해
불효막심 다섯째딸 사모곡을 불러보네
어머니와 같은세월 힘겹게도 살아오신
경창하는 어르신네 구경오신 어르신네
무병장수 하시기를 두손모아 비옵니다.

2016. 6.

# 김광석길

여보시오 벗님네들 이내 말씀 들어보소
집 나서면 길 만나고 길을 가야 님 만나네
이리저리 사통팔달 길 없는 곳 어디이며
사방팔방 어디인들 길 없이야 어찌 가리
많고 많은 길 중에도 인연 닿는 길이 있어
여러 갈래 길 있어도 가는 길이 따로 있고
약속한 일 없더라도 찾아가는 길 있으니
노랫가락 따라나선 김광석길 여기 있네
멍든 가슴 위로하고 힘든 영혼 달래주던
우리 곁에 친구 같던 김광석은 어디 가고
그의 노래 다정하게 손짓하는 이 거리에
멀리에서 가까이서 친구들이 찾아오네
서른 즈음 짧은 생애 애석하게 급히 떠난

대중가수 김광석을 추모하며 몰린 인파
낭만과 추억이 살아있는 거리에서
그의 노래 들으면서 그의 생애 얘기하네

만주 일본 갔던 백성 해방되자 돌아온 곳
6.25 때 피난민들 봇짐 풀고 머물던 곳
대구 중심 관통하는 신천 변에 자리한 곳
고향 떠난 사람들이 천막 치고 살던 곳에
너도나도 좌판 펴니 방천시장 생겼다네
상인들도 장꾼들도 넘쳐나던 방천시장
신천대로 탁 트이고 대형마트 판을 치니
썰물처럼 사람 가고 바람 빠진 풍선 됐네
문전성시 프로젝트 재래시장 살리자고
대구지역 예술가들 하나둘씩 모여들어
낙서 가득 어두컴컴 우중충한 벽에다가
화가들이 벽화 그려 새 거리로 탄생했네
하나둘씩 기타 들고 음악가도 찾아와서
이 동네에 태어나서 짧게 살고 먼저 떠난

낭만가객 김광석을 떠올리며 노래하니
전국 최고 아름다운 예술거리 탄생했네

너무 아픈 사랑은 사랑이 아니라며
제살 태워 빛을 내는 촛불을 닮은 사람
애절하게 노래하는 우수 어린 그 목소리
가슴속엔 무엇인가 아쉬움이 남지만
수줍은 듯 웃음 짓는 천진난만 그의 영혼
벽화에서 걸어 나와 같이 걷는 거리라네
친구 되어 찾아오고 찾아와서 친구 되는
아름다운 이 거리여 영원토록 빛나거라.

2017. 9.

## 달빛 고름

지구촌 너른 땅 끝 동방에 빛이 나니
한반도 팔도강산 수려한 우리 터전
멀리서 보는 사람 북극성 만큼이나
눈부시게 빛나고 아름답다 하지만
그 속에 사는 이들 아픔도 많다 하네
남북이 갈린 것도 억장이 막히는데
동서로 나뉘어서 뜨거운 피 멈칫댄다
눈으로 볼 수 없고 손으로 쥘 수 없어
모른다고 하기에는 한 발자국 뗄 때마다
밑창에 달라붙은 진흙덩이 무겁구나

백두대간 양쪽으로 달구벌과 빛고을
부드러운 달빛이야 한결같이 비추는데

어느 누가 무슨 일로 이 땅을 갈랐는가
빛고을 사람들은 가슴마다 피멍 자국
달구벌 사람들은 영문 모를 죄인이라
베잠방이 민초들이 한 짓은 아니건만
온 국민 누구 하나 벗어날 길 없는 멍에
세월이 흘러가도 목덜미를 짓누른다
바람은 걸림 없이 자유롭게 넘나들고
구름도 쉼 없이 제멋대로 다니건만
형체 없는 철조망에 걸린 마음 깊은 상처
부드러운 달빛으로 아물기를 기도한다

88도로 생긴 후로 강산 세 번 변할 동안
죽음의 길이라는 오명汚名을 못 면하고
이제야 굽은 허리 곧게 펴서 낫다마는
흔하고 흔한 철도 늦게나마 거론하니
그나마 다행이라 두 손 들고 반겨본다
달빛 교류 고속철도 191킬로미터
달구벌을 출발하면 고령, 해인사

거창, 함양, 남원, 순창, 담양 거쳐 빛고을
일곱 군데 지자체를 가슴으로 보듬고
한 시간에 달려서 서로 얼싸 안으면
열어도 흐르지 못하고 녹아도 섞이지 못한
막힌 봇물 제대로 터 한 논 벼가 될 것이라

어머니 지리산 너른 치마폭 아래
빛고을 달구벌이 화합 열차 연결되어
동서 간 문화 예술 정치 경제 실어날라
남도 음식 찜 갈비로 빈속을 채우고
날뫼북춤 호남 살풀이 한자리서 추노라면
팔공산 무등산이 얼싸안고 춤추겠다
서러운 맘 따뜻한 정 서로 나눠 교류하며
딱지 앉은 아픈 날들 보듬고 씻어내자
달구벌 중천에 둥근달이 떠오를 때
영산강변 달맞이꽃 함초롬히 피어나고
빛고을 높은 하늘 밝은 해가 떠오르면
낙동강가 해바라기 싱글벙글 웃는다

네 손 내 손 맞잡아 빙글빙글 돌아보자

강강수월~래 강강수월~래

내 소리 네 소리 섞어서 한판으로 놀아보자

쾌지나 칭칭 나~네 쾌지나 칭칭 나~네.

2017. 11.
영호남 시민들이 '달빛 교류'를 추진한 이후
달빛 내륙 고속철도 조기 건설을 위한
양측 움직임이 활발해지고 있다는
뉴스를 보고 쓴 글입니다

## 문경새재 맨발 축제

화덕 같은 여름 끝에 맨발 축제 참여했네
한국일보 시민기자 바리스타 사나바팀
두 가지 임무조차 짐보다는 즐길 거리
전날 밤엔 설렘으로 자다 깨다 뒤척뒤척
출발지에 만난 3기 학장님도 회장님도
악수하며 인사하고 1호 버스 출발인데
와르르르 쏟아지는 검은 폭탄 알고 보니
참가자들 나누어 줄 부회장님 커피 선물
성서에서 모두 타고 출발하는 기쁨 속에
정성 듬뿍 김밥에다 봉지 봉지 간식거리
준비하신 동기님들 베푸는 맘 감사해요
인사 덕담 즐거운 입 주전부리 행복한 입
행사장에 늦은 도착 개회식은 끝났지만

사랑을 나누는 바리스타 사.나.바
부스에서 만난 님들 반가워서 얼싸안네
꼼꼼하게 재료 준비 고생하신 부회장님
맨발 축제 참가하니 맨발 체험 당연하지
삼삼오오 조 맞춰서 행렬 따라 들어선 길
문경새재 옛길 보존 기념비를 뒤로하고
신발 벗은 두발에다 황토 물을 덤벙덤벙
일 관문을 향해 가는 알록달록 인파 속에
떠밀리듯 빨려 드니 초록 숲속 길을 따라
개미 떼 중 한 마리의 개미 된 듯 흘러간다
차림새는 다양해도 맨발이긴 마찬가지
올라가는 길가에는 여기저기 놀이마당
맨발 등에 콩 주머니 투호 놀이 성공해서
얼음 생수 받고 보니 온 세상이 내 것인 양
둘러보니 일행 없네 사람 속에 홀로 동동
차라리 맘 편하게 여기 기웃 저기 기웃
경상감사 교인식이 이루어진 교귀정에
감사된 듯 올라보니 용추폭포 시원하고

춤을 추는 여인 형상 나무도 특이하다
갈겨니와 버들치가 유영하는 맑은 물도
반딧불이 각종 산새 어울리던 숲 그늘도
스트레스 시달리던 사람들을 다독이니
오늘 하루 자연 품에 쌓인 피로 내려놓네
매바우에 응암폭포 물줄기도 시원하고
조곡폭포 뒤로하고 이 관문에 도착하니
진동하는 국밥 향기 짜장 향기 솔숲 가득
뱃속에선 꼬르르륵 조곡관도 식후경
이 줄 저 줄 눈치 보다 국밥 줄에 붙어 서서
목 늘이고 기다려도 줄어들지 않는 긴 줄
하필이면 내 앞에서 바닥 보인 국솥이여
기다림 끝 국밥 맛은 송림에서 천하일미
배부르니 들려온다 숲속에서 노랫가락
까치발로 잠깐보다 임무 수행 생각난다
시민기자 인터뷰는 솔숲에서 해결하고
맑은 물이 꼬드긴다 발도 한 번 담가보자
얼른 가서 교대하자 커피 부스 내가 할 일

서둘러서 내려오니 분주하다 커피 부스

도운다고 했지마는 방해 아님 다행이라

커피 팔아 얻은 수익 좋은 일에 쓰게 됐다

노래자랑 출전하는 정향남 님 응원부대

반짝이를 흔들면서 사지육신 털어대니

대형 무대 백댄서는 내 생애 처음이다

우수상을 차지하니 얼쑤 좋아 춤사위요

나는 새도 쉬어가는 주흘산 문경새재

짚신 갈아 신어가며 넘어가던 옛 과거길

맨발 걷는 축제 길로 재탄생이 되고 보니

발바닥을 타고 드는 아름다운 이야기들.

2018. 8.

# 홍합죽

종교는 자유 대한 경진은 어머니
함께 할 수 없는 둘이 일생을 지배하고
벽 너머의 어머니와 틀에 갇힌 아들 사이
세상은 비웃는 듯 철저히 외면했다
생사를 모르면서 향 사르며 불러 봐도
대답 없던 어머니를 이제야 만났을까
오십 년 넘게 쌓인 회포를 풀었을까
함경남도 이원군 철산읍 차호리
영월 신씨 집성촌이 옹기종기 자리한 곳
그중에 바닷가 집 칠 남매 장남으로
기사생(1929) 경근이가 첫 울음보 터트렸네
철이 많아 철산읍 철광석 광산에서
무지렁이 순한 백성 그의 아비 노동으로

이 땅의 뼛골 같은 쇳덩이를 쪼아내면
일제 수탈 화물선이 모조리 실어 가도
푸른 물결 넘실대던 바다는 풍요로워
가자미식혜 명태식혜 단지 가득 익던 겨울
돼지 오줌통 공을 삼아 백사장을 누비다가
벌거숭이로 뛰어들어 물장구치던 여름
무지갯빛 유년 시절 아름답게 떠올랐네
갯바위에 붙은 홍합 한 망태기 따오면
가마솥에 죽을 쒀 온 가족이 둘러앉아
껍질을 수저 삼아 퍼먹었던 어린 날들
그 기억이 가슴에서 무시로 꽃 필 때면
울컥울컥 솟는 분노 냉수로 달래면서
고향 바다와 잇댄 물속 홍합으로
죽 끓여 먹어가며 그 산천 추억했네
손위로 누님 한 분, 철근, 배근, 호근 동생
죽 숟가락 뜰 때마다 부모 형제 떠오르면
가슴에 맺힌 한이 불꽃으로 타오르며
촛농처럼 흘러내린 나날들이 쌓은 탑이

끝 모를 높이로 하늘을 찔러

무심한 홍합죽만 싸늘히 식어갔네

떡함지 머리에 이고 어린 아들 손을 잡고

산 너머 큰집으로 설 쇠러 가던 길에

어느 고개 모퉁이에 두 줄기 빛을 내며

난데없이 길을 막은 큰 짐승 앞에서도

호통쳐서 길을 열던 태산 같은 어머니

천지가 개벽하듯 해방된 날이 오고

기둥 같은 맏아들은 너른 천지 나아가서

신학문을 배워오라 격려하신 부모형제

훗날을 기약하고 서울 향해 길 떠날 때

쑥떡 뭉치 건네시고 아들 손을 놓으시며

큰 사람이 되어오라 어깨를 다독이던

어머니의 따스하던 손길과 음성이

평생토록 마음 밭 뜨겁게 적시지만

6.25 전쟁 터져 돌아갈 길 막혔네

천지 간에 오직 한 몸 그림자를 벗 삼던

외로운 청년을 감싸준 건 군복뿐

6.25 전쟁에서 무공을 세우니

고향 땅 혈육 향해 총부리를 겨눈 격

피멍 든 가슴에 자리 잡은 먹장구름

줄기줄기 태풍 따라 폭우로 쏟아졌다

육군본부 따라 남으로 후퇴 중에

헌병대로 한때 경주에서 근무하다

홍천에서 피난 와 삼 남매를 건사하는

최 씨네 과수댁 이연홍 여사 슬하

보름달 같은 자태 동란 처녀에 반했다네

전란 중 담 너머로 양식 자루 넘겨 주다

서러운 담장 사이 쌍무지개 떠올랐네

유복자를 키우며 피난살이 지쳐가던

이 씨 부인 허락받아 그녀를 얻었으니

황무지 그 가슴이 옥토로 변한 날들

알콩달콩 사랑의 씨 바람 속에 싹을 틔워

물을 주고 거름 주며 세 뿌리를 길러내니

성환, 애경, 두환, 삼 남매로 꽃피웠네

소년 얼굴 주름지고 검은 머리 백발 돼도

어머니 품 그리는 맘 나날이 깊어지니
간간이 꿈에 만나 회포를 풀어 봐도
잠 깨면 허망하고 애절함만 더하는데
선명하던 그 얼굴은 세월 따라 빛이 바래
동그라미 하나만 허공 중에 맴돌았다
이산가족 찾기 방송 하루 종일 웅웅 댈 때
만사를 제치고 화면을 응시해도
털끝만 한 혈육 소식 끝끝내 못 들으니
풍년에 주린 심정 서러움만 천길만길
남북 관계 잠시 풀려 고향 방문한다기에
전국에서 첫 번째로 달려가 신청하니
3배수 선발하는 1차 통과되었지만
그 뒤로는 감감소식 애간장만 다 태웠네
기억 속의 찝찌름한 바다 냄새 그리워
동해를 맴돌며 코끝을 씰룩여도
물결 위 갈매기만 부질없이 넘나들고
미역귀 짙은 짠맛 상처만 비벼댔다
그리움이 마디마디 뼛골에 스며들어

옹이로 자리 잡아 단단히 굳어가니

온몸으로 지켜내신 한 서린 이 땅에서

월드컵 열기가 서서히 잦아들 때

상사 신경근의 굳은 몸도 마음도

홍합죽 냄비 식듯 서서히 식어갔다

영천 호국원 국립묘지 수훈자 묘역

긴 세월 응어리진 한 비석 아래 묻었다.

2018. 11.
이 글을 19세에 홀로 월남하여
2002년까지 고향과 혈육을 그리다 가신
시아버님 영전에 바칩니다

# 통영 나들이

언제나 그렇듯이 여행은 즐겁시만
좋은 사람 동행일 땐 더욱더 그렇지요
시민기자 3기들과 통영 여행 가기 전날
소풍 가는 아이처럼 들뜬 맘에 늦잠 들고
꼭두새벽 눈을 떠서 관광버스 찾아가니
어머나 세상에나 민망하게 일등 도착
두리두리 살펴보고 좋은 자리 골라 앉자
회장님과 사무국장 먹거리를 챙겨오네
하나둘씩 도착하여 시끌벅적 인사 나눔
형편 안 돼 못 간다던 권도훈 님 웬일인고
몸은 비록 못 가나마 먹거리로 전하는 맘
라일락 향 가득 품은 캔맥주로 대신하네
어린이회관 출발하여 성서에서 모두 타니

박혜정 회원님은 음료수로 맘 보태고
아쉬운 손 흔들면서 잘 다녀오라 인사하네
서른 명의 회원에다 윤창식 기자 동행
버스가 출발하여 시가지를 벗어나니
화창한 날씨 속에 짙은 봄이 향기롭다
무릎 위에 하나둘씩 전해오는 먹거리들
김밥에다 백설기에 음료수를 비롯하여
가지가지 구색 맞춘 간식거리 한 봉지는
사랑이 듬뿍 담긴 메모장을 달고 왔네
막내둥이 차유정 님 고운 마음 버무려서
밤새워 챙겨 넣은 그 마음이 전해진다
가지가지 음식 보니 굶고 왔기 망정이지
아침 먹고 왔으면 억울해서 울 뻔했네
김용 수석 부회장님 모캄보 드립커피
이번에도 어김없이 한 병씩 나눠주며
빈 병만은 돌려 달라 목청 높여 당부해도
병 모양이 앙증맞아 돌려 줄이 하나 없네
통영으로 가는 길에 자기소개 하는 시간

아는 회원 많지만 헷갈리는 이도 많네
사람 기억 잘못해서 실수 잦은 나에게는
거듭해도 더욱 좋은 유익한 시간인데
듣고 보니 모든 분이 빛과 소금 같은 존재
같이해서 유익하고 대단한 3기 동기
한자리에 앉은 것이 새삼스레 자랑이다
자기소개 하고 나니 도착하기 10분 전
정향남 체육부장 마이크를 접수하고
10분 만에 펼친 쇼가 만 불짜리 무대여서
배꼽 간수 하느라고 간신히 버텨냈네
점심 먹기 이른 시간 도착한 식당에는
갖가지 해산물이 줄지어 나오는데
여자끼리 앉은 우리 먹는 데만 몰두해서
접시마다 넙죽넙죽 잘도 받아먹고 보니
옆 테이블 음식들은 이야기에 밀렸는지
반도 넘게 남아있어 아이고야 부끄러워
강태숙 회원님이 주선하신 선상 파티
두 대의 유람선에 와인으로 기분 내나

알코올에 알러지라 안 마셔도 잘도 논다
맑은 남해 물결 위에 요트까지 타고 보니
마음조차 두리둥실 봄 바다에 춤을 춘다
준비된 새우깡을 한 컵씩 나눠주니
갈매기가 먼저 알고 끼룩끼룩 따라온다
너도 하나 먹어 봐라 옜다 여기 너도 하나
세파에 찌들어진 온갖 근심 던지듯이
푸른 바다 푸른 하늘 흩어지는 새우깡을
부리로 덥석덥석 받아먹는 갈매기들
우리 올까 미리부터 묘기 연습 하였을까
우리 배엔 오세철 님 사진작가 동행하고
저 쪽배엔 윤 기자님 수도 없이 찍어댄다
해신海神이나 되는 듯이 갖은 자세 찰칵찰칵
하나같이 폼도 좋아 멋진 화보 나오겠네
어라 어라 저 등대는 낯이 익은 거북 등대
가만히 생각하니 저기 저 섬 한산도네
중학교 때 수학여행 사십 년 전 다녀간 곳
그때는 통영 지명 충무라고 불렀었네

아름다운 이 바다가 임진왜란 당시에는
이순신의 수군들이 학익진을 펼치고서
왜적 선을 물리치신 한산대첩 이룬 바다
저 멀리서 보이는 제승당 현판 글씨
이순신 장군께서 머무시던 곳이구나
한산노에 배를 내고 세승당을 향해가니
해변에는 적송들이 팔을 벌려 반겨 맞네
오랜 세월 해풍 맞고 단단하게 자랐으니
적송 베어 만든 배가 판옥선과 거북선
단기간에 쑥쑥 자란 삼나무로 만든 왜선
판옥선과 거북선에 부딪히면 부서졌네
고마워라 적송이여 영원토록 그 자리에
깊은 뿌리 내리고서 이 나라를 지켜주오
제승당 경내에는 오른쪽이 수루로다
지금은 잔잔하고 맑디맑은 저 바다가
핏빛으로 물들었던 그 시절을 상상하며
이순신의 '한산도가' 다시 한번 읊어보다

한산섬 달 밝은 밤 수루에 홀로 앉아
큰 칼 옆에 차고 깊은 시름하는 차에
어디서 일성호가는 남의 애를 끊나니


제승당 앞 비각에는 이순신의 후손으로
통제사가 되었던 일곱 분의 공덕비가
줄을 지어 있으니 충신이 충신을
낳고 기르는 것은 자연스러운 이치인가
짧은 시간 섬 전체를 다 볼 수는 없어도
제승당을 훑어보고 사당에서 잠시 참배
아름다운 이 강산을 지키신데 감사하고
돌아오는 유람선은 담소로 즐거웠네


예정에 없던 일정 박경리 기념관은
두 번이나 갔지만 갈 때마다 새로운 곳
이십 분 짧은 시간 다 보기 어려워서
기념관과 묘소 중 묘소를 선택했다

빠른 걸음 뜀박질로 헐레벌떡 올라가니
고즈넉한 산자락에 상석 하나 앞에 두고
'버리고 갈 것만 남아서 참 홀가분하다'
비석조차 없이 누운 존경하는 선대 문인
잔디 위에 제비꽃을 두 송이만 곱게 따서
당신처럼 살고 싶다 약속 반지 만들었다
중앙시장 둘러보고 꿀빵 사서 돌아오니
멀미 나서 먼저 내린 김연희 님 안 보이네
타지에서 급체해서 병원 신세 안타까워
한결같이 보태는 맘 애틋하고 살가워라
그럭저럭 집에 오니 열 시가 가깝지만
장명희 님 주신 팩을 하고 누워 생각하니
직책 없는 평회원이 상팔자란 생각 드네
마음 열어 같이하신 한국일보 기자 3기
끈끈하게 맺은 인연 귀하고도 아름답다.

2019. 4.

# 라일락뜨락 1956

대구광역시 서문로 2가 11번지
상정 장군 상화 시인 첫 울음을 터트린 곳
봄 밤에 찾아드니 골목까지 마중 나온
농축된 세월만큼 라일락꽃 짙은 향기

달성의 서문 큰 기와집 안마당에
용봉인학龍鳳麟鶴 길러낸 품 너른 치맛자락
얼룩진 역사책을 지그시 깔고 앉아
온몸을 뒤틀며 참아낸 아린 날들
와불臥佛이 되어버린 지금에 와서야
한 장 한 장 들추며 읽는 이들 모여든다
피맺힌 만세 소리 허공에 흩어지고
대한민국 근대문학 싹을 틔운 담교장

주인이 바뀔 때는 소리 없이 흐느꼈고
국권을 되찾을 땐 향기로만 춤을 췄지
더러는 빈 뜨락에 홀로 견딘 모진 세월
뼈마디가 내려앉고 수족조차 만신창이

아기씨의 웃음소리 내당 마님 젖은 눈길
생각하면 아스라이 먼 옛날의 일이어서
기억조차 가물가물 희미하게 바랬지만
행복했던 유년 시절 심지 속에 녹여뒀다
철모르는 손주에게 지난 얘기 들려주듯
봄마다 새 순 내는 할머니의 깊은 마음

오가는 발자국 소리에 가는 귀 기울이며
나지막한 추녀 아래 마른 팔을 뻗어 내어
이백 년 전 피워내던 꽃떨기를 흔드는 건
보랏빛 짙은 향기 봄바람에 흩어져도
가슴속에 머무르는 마주 앉은 사람 향기
페이지마다 촉촉이 적셔두기 위함이지.

2019. 4.

# 지역을 다독이다 책을 다독 多讀 하다

코로나를 초월한 새로운 길 찾아내어
'2020 대구수성 한국지역도서전'을
수성못 상화동산과 온라인 플랫폼에서
수성구와 한국지역출판연대가 열었으니
지역 주민 두 팔 벌려 크게 축하합니다

책이란 인간에게 신이 내린 최고의 선물
'책 속에 길이 있다'는 진리를 따르자니
문화산업 뿌리 되는 출판 산업 중앙 편중
수도권은 체증이요 지역 형편 주림이라
지역에서 쓰는 책을 지역에서 출판하고
온 세상의 독자들이 널리 널리 읽어야

특별한 지역문화 세계적인 유산되고

풍요로운 지역사회 복된 국가 초석 되네


우리 사는 대구지역 출판 역사 살펴보면

천 년 전에 고려시대 거란 침략 막기 위해

초소대상성관을 제작하여 부인사에 봉안했고

임란 이후 경상감영 관판 인쇄 주역되고

영영장판嶺營藏板 만들어서 책판 보관 하였다네

조선시대 영조 시절 옻골에서 교정한

반계수록 출판하여 전국으로 배포하고

글 읽던 선비들의 곧은 정신 계승하니

조선 인재 절반은 영남지역 사람이라

자랑스러운 세계 유일 여성 집단 한글문학

기록유산 내방가사 그 고향도 영남이요

상업용 민간 출판 방각본坊刻本도 대구에서

인쇄기계 제작하여 전국으로 판매하고

남산동 인쇄골목 현재까지 이어지네

전국 유일 출판산업지원센터 건립되니

고려부터 현재까지 출판문화 거점이라

수성구를 살펴보면 자랑거리 계동정사
활 든 선비 계동 선생 파동에 건립하여
위기지학 퇴계학을 대구 처음 교육하고
대구 최초 서원으로 연경서원 건립하고
인재 양성 전념하니 대구가 교육도시
제자들은 모두 나서 임진왜란 의병활동
그 정신을 이어받아 전국 최초 항일 의병장
무단통치 속에서도 목숨 걸고 독립운동
독재 정권 거부하는 학생들은 민주운동
불의에 저항하는 대구정신 바로 섰네

출판문화 기록문화 보기 좋고 듣기 좋게
온라인 전시행사 고루 다녀 가시옵고
동서고금 진리를 심신에 충전하여
지역에 사는 것에 소외감을 벗어나서
지역문화 확산과 문화시민 주역되세

독서는 시공을 초월한 감격스러운 만남이니

책으로 세상 읽어 나의 삶을 돌아보고

내 마음을 다독이고 내 이웃을 다독이고

나라를 다독이고 온 세상을 다독이며

다독多讀으로 다독다독 책 향 글 향 나눠보세.

2020. 10.
2020 대구수성 한국지역도서전 개막식
수성못 상화동산에서 낭송

대프리카 무더위에 더위식힐 음식찾아
잔치국수 한 그릇을 후루루룩 비우자니
면발따라 서리서리 올라오는 옛기억들

# 넷 : 오늘을 기억하다

# 엄마 손칼국수

내프리카 무너위에 너위 식일 음식 찾아
잔치국수 한 그릇을 후루루룩 비우자니
면발 따라 서리서리 올라오는 옛 기억들
오늘 같은 여름날에 식구 많은 우리 집은
뭐 먹을까 걱정 없이 칼국수는 고정 메뉴
어머니는 밀가루에 콩가루를 듬뿍 넣은
너른 함지 반죽 거리 소맷자락 걷어붙여
휘휘 저어 주물주물 따로 놀던 가루들을
한 덩이로 모아 뭉쳐 울근불근 치댈 적에
젖 먹던 힘 다 짜내면 둥글둥글 매끈매끈
대청마루 안반 밑에 너른 보를 펼쳐놓고
한 발짜리 홍두깨도 구석에서 나오너라
오도카니 쪼그리고 얄망시리 앉은 반죽

밀가루를 살짝 뿌려 쓰다듬듯 어루만져
언저리를 빙글빙글 돌아가며 살살 밀어
방석만큼 늘어나면 홍두깨에 둘둘 말아
밀어냈다 당기면서 양옆으로 꾹꾹 눌러
쭉쭉 늘어나거들랑 홍두깨를 틀어쥐고
슬그머니 풀어내니 반달 자국 생겼구나
덧가루를 슬슬 쳐서 고루고루 문지르고
양손바닥 탁탁 친 뒤 홍두깨에 다시 말아
몇 번이고 반복하면 하염없이 늘어나서
한 발짜리 홍두깨에 넘쳐나는 마술 시연
철철 넘친 홍두깨를 슬슬 풀어 내려놓고
종이처럼 얇게 늘려 멍석만큼 넓게 펴진
반죽에다 분을 치고 국수 가락 썰어낼 때
한 번 접고 두 번 접고 서너 번을 거듭 접어
큰 칼 들고 숭숭 썰며 어머니가 하는 말씀
"큰아이야 가마솥에 얼른얼른 불 지펴라
작은애야 담장 너머 애호박을 따오너라"
오라비는 헛간에서 멍석 꺼내 펼쳐놓고

마른 쑥을 안고 와서 모깃불을 준비하니
열두 식구 저녁 준비 온 가족이 시끌벅적
안반 위에 쫄루래미 국수 가락 늘어서면
그 옆에서 쪼그리고 기다리는 막냇동생
"엄마 엄마 잊지 말고 국수 꼬리 남겨주소"
킬질 소리 짖아들고 끄트머리 펼친 임마
"옜다, 여기 국수 꼬리" 서너 개를 썰어주니
쪼르르르 "큰언니야 국수 꼬리 구워주오"
잉걸불을 살짝 꺼내 국수 꼬리 굽는 언니
벙글벙글 부풀었다 솜씨 좋게 뒤집어서
때맞춰서 얼른 꺼내 동생 손에 건네주니
거뭇거뭇 탔지마는 둘도 없는 최고 간식
호호 불며 먹는 맛이 셋이 먹다 둘 죽은들
내가 어찌 알 것이며 알아 무엇 하겠는가
그 와중에 어머니는 면발 헤쳐 살살 풀어
소쿠리에 담아와서 육수에다 흩어 넣고
한소끔 끓은 후에 숭덩숭덩 채 썬 호박
솥 전에다 도마 걸쳐 밀어 넣고 휘휘 저어

푸짐하게 삶아내어 할아버지 소반에다
마루 위에 외상 낼 때 따로 골라 간수하신
덜 여문 옥수수도 같이 차려 내시더라
마당에는 두레반에 그릇그릇 퍼담으니
등목 마친 아버지는 할매 옆에 앉으신다
양념장에 김치 놓고 찐 감자에 찐 옥수수
온 가족이 둘러앉아 저녁상에 머리 대면
시답잖은 칼국수도 세상 없는 성찬이요
그 광경이 부러운지 처마 끝에 깜빡깜빡
졸고 있는 초롱불로 달려드는 하루살이
땅강아지 불나방들 넋을 잃고 쓰러진다
부지런한 젓가락질 어지간히 배가 차고
콧등 위에 송골송골 땀방울이 맺힐 즈음
한 손에는 감자 들고 한 손에는 옥수수라
설렁설렁 부채질에 모진 더위 물러나고
상 걷은 뒤 멍석 위엔 할머니의 치마폭에
올망졸망 조무래기 옛이야기 졸라댄다
듣고 듣고 또 들어도 재미나는 이야기들

팥죽 할매 꼬부랑 할매 반쪽이와 장화홍련
옛이야기 주인공들 별이 되어 반짝이고
견우직녀 이야기가 무르익을 즈음이면
육수 빠진 멸치 포식 누렁이도 하품하고
하나둘씩 눈꺼풀이 스르르르 감겼지만
할머니의 이야기는 미리내로 흘러들어
아직도 저 하늘에 반짝 반짝 빛이 난다.

2018. 8.

# 세월호 단식가

새싹 같은 우리 아들 봄꽃 같은 우리 딸이
어느 사이 훌쩍 자라 고등학생 되었구나
부모 심중 보배이며 나라에는 기둥이라
이천십사 무오년 사월이라 십육일에
경기도 안산시에 단원고등 있었는데
수학여행 간다 하네 제주도로 떠나가네
손꼽아서 기다리던 수학여행 맞이하니
선생님과 친구들이 모두 같이 떠난다네
몇 달이나 설레며 기다리던 여행이네
입시지옥 이 땅에서 고등학생 수학여행
가문 날에 단비 같고 비 오는 날 우산 같아
야간자습 모의고사 잠시나마 잊는다네
엄마 아빠 다녀올게 아들 딸아 잘 놀다 와

새 옷 입고 새 신 신고 배낭에는 맛난 간식
문 앞에서 잠시 이별 행복하게 했건마는
안개 끼어 늦은 출발 인천에서 배 떠나네
세월호라 이름 지은 여객선이 떠나가네
서해 바다 멀고 멀어 밤을 새워 진도 해역
부모 형제 온 국민이 아침에야 뉴스 보니
이게 무슨 변고인가 믿지 못할 뉴스로다
여객선이 기울어져 반쯤이나 잠겼구나
안타깝고 안타까워 발을 동동 굴러 봐도
멀고도 먼 바다 위라 손쓸 도리 전혀 없고
온 국민이 보는 사이 배는 점점 가라앉네
구조대가 도착하고 전원 생존 했다 하니
불행 중에 다행이라 놀란 가슴 진정했네
잠시 뒤에 이게 웬일 전원 생존 오보라네
청천벽력 기가 막혀 이런 뉴스 웬 말인고
수백 명이 배 안에서 꼼짝없이 침몰이라
믿지 못해 말도 안 돼 있어서는 아니 될 일
구명조끼 왜 있으며 구명보트 어디 갔나

선장 이하 선내 직원 무얼 하고 있었더냐
어려운 중 귀한 목숨 구하는 게 직무거늘
모든 승객 버려두고 자기 일신 먼저 챙겨
기우는 배 앞서 탈출 내 목숨만 살았구나
이 세상에 앞선 사람 선장이라 말하는데
그 이름이 민망하다 그 태도가 웬 말이냐
봄꽃 같은 어린 생명 생때같은 우리 자식
맹골수도 처박고서 욕된 목숨 챙기다니
부끄럽고 부끄럽다 온 국민이 부끄럽다
세상에서 어른 된 자 하나같이 부끄럽다
죄스럽고 죄스럽다 일상조차 죄스럽다
애통 절통 부모 마음 짐작조차 못 하지만
간절한 소망 담은 노란 리본 내걸고서
돌아오라 기도하네 온 국민이 기도하네
자식 잃은 부모 심정 무엇으로 달래질까
차고 어둔 바닷속에 금쪽같은 내 새끼를
제주도로 보낸 여행 영영 이별 웬 말인가
두 눈 뜨고 자식 잃고 이 나라에 기둥 잃어

부모 형제 물론이고 온 국민이 눈물바다
애처롭고 민망하고 부끄럽고 죄스럽다
이 세상에 어떤 말이 저 부모를 위로하며
이 세상에 어떤 기도 저 영혼에 닿게 할까
꽃봉오리 청춘들을 불쌍해서 어찌 보내
곱고 어린 청춘들아 깊고 추운 바닷속에
조류마저 거센 곳에 그 얼마나 두려웠나
무서워서 친구 두 손 꼬옥 잡고 같이 갔나
극락 세상 있다면 너 아니면 누가 가리
어린 나이 세상 뜨니 무슨 죄를 지었겠나
죄라면 이 세상에 어른들이 다 지었네
걱정 말고 좋은 세상 먼저 가서 기다려라
세월 가면 부모 형제 차례대로 갈 것이니
그곳에서 다시 만나 행복하게 살 것이니
저승길이 제아무리 외롭다고 하더라도
친구들과 선생님과 손 맞잡고 간 길이니
이승에서 못 이룬 꿈 저승에서 이루어라
이팝나무 하얀 꽃이 구름처럼 피어나고

성질 급한 줄 장미도 저리 붉게 피건마는
여행 떠난 우리 아기 돌아오지 못한다네
자식 잃은 부모님들 무슨 말로 위로할까
인생만사 모든 일이 뜻대로야 되겠소만
곱게 곱게 기른 자식 다시 못 올 길 떠나니
무슨 낙에 세상 살며 무슨 일로 웃어 볼까
두 눈앞이 캄캄하고 답답한 맘 어찌할꼬
밥을 먹고 잠을 잔들 그게 어찌 진정일까
돌이켜서 생각하면 지금까지 자라면서
숱한 웃음 웃게 하고 갖은 걱정 하게 했던
그게 바로 내 자식이 내게 해 준 효도라오
인명이야 재천이니 안타깝고 서럽지만
부모인들 어찌하며 형제인들 어찌할까
타고난 명 그것이라 생각하며 보내주오
가는 아이 놓아줘야 훨훨 날아갈 것이며
바람 되고 빛이 되어 극락왕생 할 것이니
너무 오래 가슴속에 품지 말고 보내주오
선박 왕국 IT 강국 부끄러운 현실이다

일등 국가 무엇이며 일류 시민 무엇인가
어린 생명 먼저 보내 부끄럽기 그지없다
소시민이 이럴진대 높은 자리 계신 분들
지금 그곳 왜 있으며 무슨 일을 해야 할지
깊이 깊이 생각하여 재발 방지 꼭 해주오
조상대대 물려받은 이 나라에 태어나서
국난 극복 같이 하며 경제 대국 이뤘지만
어린 목숨 지켜내는 당연한 일 못했으니
원통하고 부끄럽고 죄스럽고 민망하다
그러한들 내 나라를 등지고야 어찌 살리
틀린 것은 바로 하고 잘못된 건 고쳐보자
소식 들은 어민들이 즉시 와서 구조하고
민간 잠수 기능자들 내 일처럼 모여들고
몰려드는 자원봉사 아름다운 손길이며
전국적인 성금 모금 세계에서 일등이며
친구 제자 대신 살린 의인 탄생 미담 많고
어린 영혼 추모 행렬 끝이 없이 늘어섰네
노란 리본 같이 달고 기적 회생 기도하며

아픈 이웃 생기면 같이 아픈 국민이요
슬픈 이웃 생겼을 때 같이 우는 민족이니
작은 실천 앞장서고 큰일에는 동참하여
우리 자식 세대에는 안전 세상 물려주세
경제 기적 이룬 나라 안전 기적 못 이룰까
세월호의 침몰 원인 한두 사람 탓 못하네
안전 무시 절차 무시 배려 없이 나만 이익
오늘 사는 우리들의 부끄러운 자화상
물질 만능 헛된 생각 인재 발생 당연하니
이 기회에 청산하고 이번 일을 거울삼아
보낸 생명 헛되잖게 내가 먼저 변해보세
내가 맡은 직분대로 정직하고 성실하게
뼈를 깎는 자기 반성 변화하는 국민 의식
제자리서 자기 책임 다하면서 살아보세
우리 다시 힘을 내서 좋은 나라 만드세나
안전사고 미리 막아 대대손손 번성하고
자손만대 자랑스런 대한민국 만드세나.

2014. 4.

## 도동서원 보물 담장

기품 있는 사람은 옷매무새 단정하고
신성한 건물에는 품격 있는 담이 있네
사람 사이 담쌓으면 소통 없어 문제 되나
건물에서 담 없으면 입술 없는 입이 되네
담을 둘러 경계 두되 높낮이도 적당하게
안과 밖을 조화롭게 구분 지은 보물 담장
다람재에 올라서서 대니산 자락 따라
낙동강을 향해 뻗은 산줄기를 바라보라
전망 좋은 배산임수 명당 터에 자리 잡은
유네스코 세계유산 도동서원 빛이 난다
공자의 높은 도가 동쪽으로 오신 건지
현풍 땅의 깊은 풍취 공자님을 부른 건지
길가에 선 한그루 노송 같은 도동서원

대를 이어 후손에게 도를 전해 주는구나
소학 동자 한훤당 김굉필을 사모하여
외증손자 한강 정구 도동서원 세운 뜻은
조선 오현 가운데 으뜸 되는 현자이신
한훤당의 곧은 정신 대대손손 전함일세
2019년 9월 세계유산 등록된 곳
그중에서 담장은 보물 제350호
건물도 아니면서 기록물도 아닌 것이
담장이 어찌하여 보물이 되었는고
오래된 서원 향교 어디나 담장 있되
도동서원 담장만이 특별한 건 무엇일까
서원에서 하는 일은 제향과 강학이니
삿된 기운 범접 막을 담장은 필수였네
도동서원 예외 없이 담을 쳐서 선을 긋되
서원 건물 중심으로 앞과 뒤는 수평으로
양옆은 언덕 따라 높낮이에 맞추어서
독특한 담을 쌓아 아늑하게 하였는데
땅속부터 큰 돌덩이 지대석을 두른 위에
여느 건물 담장 쌓듯 바닥에는 석축 쌓고

암키와를 얹은 다음 진흙 이겨 켜놓으니
시루떡에 고물 치듯 특별한 담장 쌓기
암키와의 치마폭이 켜켜이 싸고 안아
사백 년이 지나도록 한 줌 흙도 유실流失 없네
과한 음기陰氣 두고 보랴 양기陽氣 불러 균형 잡네
중간 중간 수막새를 아래위로 어긋나게
이방 연속 무늬 넣어 정갈하게 꽂아두니
음양을 두루 갖춘 담을 지어내었구나
우주 만물 근원 되는 오행인들 잊으리오
다섯 단을 쌓아 올려 음양오행 아귀 맞네
그 위에다 기와 얹어 비바람을 막아주니
담장 한 줄 쌓을 때도 세상 이치 두루 넣은
다시없을 예술가의 빼어난 작품이라
보물로 지정됨은 당연한 이치라네
잘난 사람 못난 사람 어울려서 사는 세상
제각각 자기 자리 굳건하게 지켜냄은
도동서원 둘러싼 담장처럼 빛나는 일.

2019. 9.

# 봉숭아 꽃물

칠흑 같은 검은 자루 부르카 속에서
커다란 눈 오뚝한 코 동화 속 소녀 같은
하얀 웨딩드레스를 입은 신부가 나온다
내 생애 최고의 날 오늘은 결혼식 날
내 생애 최악의 날 무덤 향해 가는 날
초경은 남편 있는 집에서 치러야 해
늙은 남편 셋째 부인으로 팔려가는 나는
양 한 마리보다 더 비싸서 소중한 존재
나를 팔아 돈 바꿔야 아버지가 웃는다
그 돈으로 신부 사야 오빠도 결혼하지
어젯밤엔 손톱에 봉숭아 꽃물을 들였다
할머니도 어머니도 시집가기 전날 밤에
여신의 눈물 같은 이 꽃물을 들였다지

붉은 꽃잎 한 줌 따다 명반 섞어 콩콩 찧어
어머니와 마주 앉아 꽃물을 들이면서
가슴속에 간직해 온 꿈도 모두 빻았다
구경하던 도마뱀이 벽 속으로 사라지자
어머니와 얼싸안고 봉숭아 꽃물 같은
붉디 붉은 피눈물로 밤을 흠뻑 적셨다
남편과 가족 아닌 어느 남자에게도
머리카락 한 올조차 보일 수 없는 몸
여자가 있을 곳은 무덤 속과 집안뿐
남동생 동행하여 장님처럼 집 나서면
촘촘한 그물 속 원망 어린 눈망울에
보이는 건 모두 다 그물 무늬뿐
청바지 착용 금지 사진 촬영 절대 금지
화장도 하면 안 돼 TV 시청 절대 불가
외부인 접촉 금지 학교 교육 절대 금지
발소리도 내지 말고 웃음도 흘리지 마
어미 같은 처지의 딸을 낳을 두려움에
무엇보다 무서운 법 잠자리 거부 금지

애 낳는 기계 되어 악습을 이어야 해

남자들의 명예를 유지하기 위하여

총부리나 채찍질도 당연하게 여겨야 해

가슴속에 자유 향한 불씨가 타올라서

돌팔매에 지친 혼이 아지랑이 되어갈 때

봉숭아 꽃물이 든 손가락을 문지르면

어디선가 마법의 양탄자가 날아와서

뾰족구두 청바지에 불꽃처럼 타오르는

붉은 혼을 태워서 멀리멀리 데려가렴.

2021. 9.
탈레반 치하에 들어간
아프가니스탄의 여성을 생각하며 쓰다

## 아기 사마귀

오늘겉이 부슬부슬 징밋비가 오는 날은
부지런한 사람들은 일하기에 좋은 날씨
게으른 자 핑계 좋아 정구지로 찌짐 부쳐
한 넙데기 뜯어먹고 낮잠 자기 좋은 날씨
오늘 마침 심심커든 내 이야기 들어보소
간략한 내 소개를 여러분께 드리자면
사마귀, 버마재비, 당랑거철 여러 이름
사람들이 우리 동족 이르는 말이라오
중국 고서 회남자에 수록된 고사로는
제나라에 장공이 수레 타고 가던 중에
제 힘은 생각 않고 도끼 같은 앞다리로
수레를 쳐부술 듯 바퀴 앞에 막아서서
물러설 줄 모르는 조상님의 자세 보고

'이 곤충이 만약에 사람으로 났다면
천하에 제일가는 용사였을 것'이라며
감탄하여 수레를 돌려갔다 전해지오
하늘에서 떨어진 듯 땅속에서 솟아난 듯
형제자매 하나 없이 눈 떠보니 혈혈단신
산기슭에 자리한 곳 뉘 집 옥상 어느 화분
내 부모는 어쩌다가 나를 여기 떨궜을까
여릿여릿 어린 몸이 기신기신 살아남아
고추 모종 한 포기에 간당간당 의지하여
초록 동색 위장술로 악착같이 견뎌내며
하루하루 아슬아슬 연명하며 살아가오
여느 곤충 부모 덕에 날 때부터 복이 많아
너른 초원 한가운데 자리 잡고 살지마는
박복하다 이내 신세 잡초마저 귀한 이곳
시멘트 집 옥상 바닥 홀로 크는 고추 가지
저 건너편 큰 화분에 몇몇 채소 자라지만
나에게는 너무 멀어 갈 생각도 못 해보고
옆에 있는 나리 화분 남 보기는 지척이나

이내 몸이 얼마나 더 자라나야 건너갈까
이곳에도 산들바람 부드럽게 훑고 가고
가끔은 벌 나비도 짝지어서 날더니만
내가 사는 고추 가지 유월 염천 무더위에
별 같은 하얀 꽃을 총총히 피우더니
저 하늘에 별이 지듯 꽃도 따라지고 나니
꽃 떨어진 자리마다 혜성 같은 초록 열매
마디 사이 대여섯 개 송골 송골 맺고 나서
하루하루 몰라보게 불쑥불쑥 자라더라
이파리만 보던 곳에 반질반질 뾰족뾰족
매끈매끈 신기하게 이 열매가 귀하구나
이파리와 열매 사이 요리조리 옮겨가며
어렵사리 하루하루 죽기 살기 버티지만
땡볕 아래 좁은 터전 목마르기 다반사고
머리 위를 날아가며 내 목숨을 노리는 새
종류도 다양하고 사는 모습 각각이네
덩치 크신 왜가리나 까막 까치 큰 입에는
턱도 없이 작은 몸이 성에 차지 않은 터라
큰 날개를 훠이훠이 그냥 지나가더라만

황조롱이 참새들은 어린 새끼 먹이려고
째잭째잭 우짖으며 시도 때도 가리잖고
머리 위를 포롱포롱 쉴 새 없이 넘나드니
그때마다 이내 몸은 자라나는 고추 몸에
대롱대롱 매달려서 뱅글뱅글 숨바꼭질
간이 졸아 한시라도 마음 놓고 못 살겠소
그 와중에 산비둘기 짝을 지어 날아와서
구구구구 노래하니 순간순간 위로받네
그러던 중 어느 날은 주인 내외 올라와서
반질반질 풋고추를 요리조리 살피더니
다섯 중에 세 개 골라 따가고야 말았다네
쌈장 찍어 저녁 반찬 한다고는 하지마는
인정머리 없는 사람 독하고도 모질구나
바람 불고 비가 오니 하루하루 풍전등화
산다는 게 고행이라 그러려니 하지마는
시시때때 카메라를 들이대는 주인님요
제발 나 좀 그냥 두소 사생활 좀 지켜주소.

2018. 7.

## 천지를 봄다

아, 천지여. 백두의 정수리여!
맑은 햇살 아래 성스러운 몸 허락하여
맑고 밝은 표정으로 온화한 모습으로
2017년 12월 14일 정오를 맞이하여
먼 길 돌아 달려온 이 땅의 분신에게
당신 몸을 허락하여 첫 대면을 하게 되니
참으로 영광되고 더없는 감격이라
실바람 한줄기도 열구름 한 송이도
숨죽이고 엎드려 방해하지 않는 날씨
온전한 본 모습을 오늘 허락하시니
우주가 다시 열린 듯 천하가 새로워라
장백의 온천수에 몸 씻고 기원한 바
간절한 소망이 이루어 졌음이라

실제 온도 영하 25도 체감 온도는 영하 40도
생전에 처음 접한 엄동의 혹한에도
봄날의 포근함과 어미 품속 따사로움으로
두 팔 벌려 맞으시니 감격의 순간이라
지난밤 아주 잠깐 눈을 붙였는데
강추위가 온다는 일기예보 때문인지
겹겹이 껴입어서 너무 둔한 몸이 되어
넘어져서 못 일어나는 꿈만 꾸었다
문학 동인 여섯 분과 함께하는 여행길
동트기 전 서둘러 대구에서 출발하여
김해공항 가는 버스 도중에서 날이 샜다
뭉게구름 위를 나는 연길행 비행기
이 땅을 벗어나고 서해를 건너서
대륙의 산하를 발아래로 보며 갔다
국토가 하나라면 이 길 택해 가랴마는
갈라진 국토에 깃든 서러운 국민이라
먼 길을 돌고 돌아 백두산을 향했다
복잡한 수속 끝에 중국 땅에 발 디디니

연길공항 칼바람이 상상을 초월한다
대기한 미니버스 가이드가 하는 말
"눈을 뺀 몸을 전부 가려 주세요"
연길 땅 어느 식당에서 허기를 채우고
곧바로 백두산을 향해 달렸다
연변 조선족 자치구는 중국 땅이지만
모든 간판에 한글이 병기併記 됐다
우리 조상의 고난과 한숨이 서린 땅
낯설지 않게 느끼는 이유이리라
일제에 뺏긴 나라 되찾아 보겠노라
오래전 고향 떠나 만주벌 헤매면서
허술한 입성과 거친 먹거리로
민족을 걱정하고 나라를 구하려고
애쓰셨을 독립투사 행적을 생각하니
나도 몰래 저절로 숙연해지는 마음
용정과 일송정, 해란강의 이름표를
창 너머로 보는 풍경 눈물겹기 그지없다
눈 덮인 밭고랑에 성글게 선 옥수숫대를

소들이 드문드문 훑으며 지나간다

백두산 아랫마을 이도백하 향한 길은

생각보다 반듯하게 정비되어 있었고

경치는 갈수록 더욱 아름다웠다

광야를 가로지르고 산을 넘고 또 넘으니

로리커 관광구역 설경이 눈부시다

이국에서 먹는 것은 옥수수도 새롭고

산처럼 쌓인 눈을 보는 것도 신기하다

로리커 관광구역 휴게소를 지나자

전나무 숲길은 황홀하기 그지없다

신비한 설경은 나라를 안 가리나

간간이 보이는 長白山장백산이란 표지판은

백두산을 찾아가는 우리에겐 아픔이다

이름 모를 고개에서 가슴에 새기는 건

석양과 어우러진 태초의 설경이다

경치에 혼이 빠져 차지한 조수석

조선족 기사님의 기분 좋은 예언은

'저 석양은 내일 날씨가 맑을 조짐'

키 큰 백양나무 가로수 사이로
저녁 연기 모락모락 오르는 시골 풍경
어릴 적 고향 마을을 그대로 닮았다
만주벌 먼 길 달려 이도백하 다다르니
숙소인 왕조 성지 불빛이 환하구나
옥수수와 두부를 재료로 하였지만
모양과 양념 다른 음식은 새로웠다
마중 나온 문우가 들고 온 산삼주는
알코올이 알러지라 향내만 맡았지만
온몸에 짜르르르 기운을 북돋운다
백두산 아래 솟는 너른 야외 온천장은
총총한 별빛 아래 지친 몸을 유혹한다
백두의 발치에서 혹한의 날씨에도
40도의 온천수가 신기하게 솟아나서
여독을 풀어주니 감사할 따름이다
물속은 뜨거우나 수증기가 무럭무럭
김 서린 눈썹과 물에 젖은 머리카락은
순식간에 바삭바삭 얼음 꽃을 피운다

아뿔싸! 이럴 수가 처음 맞는 맹추위에
휴대폰도 깜빡깜빡 정신 잃고 기절하니
사진을 못 찍어서 아쉬움이 남는다
해뜨기 전 짐을 챙겨 백두산을 향하는데
무시무시한 추위 속에 비장함이 서린다
방한용품을 다 동원해 버스에 올라서
빼곡한 원시림을 가로질러 달려가니
늘씬한 다리에 흰 스타킹을 신은 듯한
사방에 하늘 찌른 자작나무 숲속이다
백두산 호랑이가 어디선가 한 마리
어흥! 하고 나타날 듯 빼곡한 원시림
중간에 선 소나무나 이름 모를 나무들도
하늘 향해 까치발로 목을 한껏 빼고 섰다
'자작나무 숲에서는 잡목도 곧게 선다'는
한 줄의 멋진 글이 머릿속에 들어선다
중간 지점 휴게소에 버스가 도착했다
두꺼운 털 부츠로 갈아 신은 뒤
털가죽 방한대로 다리를 둘러 묶고

설맹雪盲을 방지하려 선글라스까지 끼니
철갑 두른 무사처럼 낯선 사람 모습이라
마주 보며 웃다 보니 하얀 이만 드러났다
바람 한 점 없이 맑고 투명한 날씨 속에
가다 보니 백두의 무릎쯤에 다다라서
멀리 보이던 흰 산이 눈앞으로 다가온다
양옆으로 키만큼 눈 쌓인 휴게소에
날렵한 지프차가 줄을 서서 기다린다
구불구불 산언저리를 기어오르던 차가
중턱에 올라서자 발아래로 대평원이
하늘과 맞붙은 은빛 바다로 펼쳐진다
환호와 탄성 속에 머리 위엔 어느덧
티끌 한 점 없는 푸른 하늘만 펼쳐졌다
햐! 천지다
천지라니 내가 천지에 서다니
햇살은 더없이 맑아 눈이 부시고
발아래 펼쳐진 얼어붙은 천지에는
쉬어간 바람이 흔적을 남기듯

슬쩍슬쩍 눈을 쓸어 골을 지어 놓았다
왔노라 보았노라 가슴에 담겠노라
추위에 기절해버린 내 휴대폰 대신
일행의 앵글 앞에 두 팔을 뻗고 섰다
천지에 오른 자신에게 축하하며
머리 위로 하트를 커다랗게 그렸다
저 멀리 건너편 푸른 하늘 아래
눈이 모자라도록 끝없이 너른 평원
그쪽으로 내쳐가면 바로 북한 땅이란다
같은 얼굴 같은 말 같은 조상을 가진
우리의 형제들이 지금도 살고 있는 곳
열아홉에 혈혈단신 고향 떠난 시아버지
일생 동안 그토록 그리움에 사무쳐도
한 발짝도 허락 않은 매정한 그 땅이다
지금도 그 땅에 깃들어 사는 동포
모두가 평안하라 기원하고 돌아섰다
하산 길에 소문난 장백폭포를 향했다
눈 속에서 허연 김이 솟아나는 계곡물

1km를 거슬러야 폭포가 나오는데

겨울 해는 너무 짧아 시간 절약을 위해

눈 위를 달리는 오토바이 썰매를 탔다

사진으로 만나보던 비류직하 장백폭포

폭포수가 떨어지며 얼고 또 얼어붙어

그 위에 눈이 쌓여 폭포수 줄기는

생각보다 짧았지만 감사히 보고 또 보고

이름도 모르고 얼굴도 안 보이는

오토바이 탄 중국 사내 허리를 꼭 껴안고

언제 또 올지 모르는 그 길을 내려왔다

백두산 자락에서 하룻밤을 묵는 것도

영광으로 알리라 생각하며 떠난 여행

수십 년 한 가이드도 처음으로 본다는

겨울날의 맑은 천지를 요행으로 보고 왔다

'삼대가 덕을 쌓아야 본다'는 천지

'백 번을 가면 두 번쯤 본다'는 천지가

뵙기를 허락하시니 조상님께 감사드린다.

2017. 12.

## 노는 입에 염불

친구 따라 강남 간단 옛말이 있다더니
나도 처음 친구 따라 삼사 순례 나섰네요
목적지는 충청도 예산군에 수덕사와
공주군에 마곡사 청양군에 장곡사라
간 적 없어 본 적 없는 유명 사찰 구경하자
친구 둘을 제외하면 처음 보는 사람인데
이 기회를 놓칠세라 부랴부랴 나섰더니
그분들은 모두 불자 생짜배기 나와달라
타자마자 한 시간이 아침 예불 시간인데
하나같이 중얼중얼 잘도 따라 외는구나
그냥 있기 머쓱해서 독송경을 펼쳐 들고
따라 읽다 가만 보니 4.4조의 가사 운율
추풍령에 갈 때까지 예불 독송 계속되니

속뜻이야 모르지만 좋은 내용 분명할 터
내방가사 읽던 대로 가만가만 읽다 보니
그래 맞다 이거구나 나도 하나 터득했네
노는 입에 염불이란 옛 말씀의 깊은 의미
쉬지 않고 염불하니 남의 말 할 틈이 없네
자칫하먼 노는 입에 남 말 하다 낭패 당해
곤란 지경 당한 경우 허다하게 보았는데
옛사람이 하신 말 중 노는 입에 염불하라
이제서야 나도 설핏 그 말 뜻을 알겠네요.

2018. 6.

# 달맞이

보름이라 둥근달이 산성 너머 떠오르니
달맞이를 하려고 문밖으로 나섰다네
용두산성 오르자니 나뭇가지 방해할까
막힘없는 신천으로 발길 돌려 하늘 보네
동쪽 하늘 환히 밝힌 달이 너무 반가워서
한참이나 쳐다보며 이런 생각 저런 생각
차별 없이 온 세상을 밝혀주는 달빛 보니
불공평한 세상이라 원망하는 마음 없네
보름달을 쳐다보다 무심코 본 물속에도
불어 오른 달 한 덩이 음전하게 잠겨있네
하늘 한번 쳐다보고 물속 한번 내려보니
거울 보는 보름 각시 은은하고 고운 자태
하늘에 뜬 먼 달보다 발아래 뜬 물속 달에

변덕쟁이 맘을 뺏겨 넋을 놓고 다시 보니
신기하긴 하지마는 수심 얕고 흐름 없어
쳐다보던 달빛보다 오히려 더 흐릿하네
명경지수 깊은 물에 비친 달은 더 밝을까
궁금증이 피어올라 물길 따라 내려갔네
잔잔하고 깊은 곳에 닻을 어찌 내렸는가
보에 막혀 되돌아서 제자리에 맴도는 물
깊은 물속 살펴보니 어른어른 부서진 달
호수 아닌 하천인데 물이 어찌 고요하랴
물은 흘러내리는데 달은 어찌 가만있나
보에 갇혀 넘쳐난 물 평정심을 잃었으니
흘러가는 물속에는 달이 아예 안 보이네
다리 위에 올라가면 거울 보는 온전한 달
해말끔한 매무새를 볼 수 있나 생각하여
계단 타고 올라가서 난간 잡고 내려보니
달빛인지 불빛인지 분간조차 할 수 없네
거울 속 둥근 달을 다시 보고 싶은 맘에
상동교 높은 다리 오르거니 내리거니

물길 따라 신천변도 올라갔다 내려갔다
하늘에 뜬 달을 잡고 한참 동안 서성대도
물결 따라 어른어른 일그러져 비친 달과
부서지고 흩어져서 별 무리 된 달 조각뿐
온전하고 매끈하게 물속에 뜬 달은 없네
고개 들어 하늘 보니 시나브로 높이 뜬 달
좀 전에 본 커다란 달 사라지고 없구나
차라리 보름달 하나 마음속에 띄워두리.

2022. 2.

하나둘씩 눈꺼풀이 스르르 감겼지만

할머니의 이야기는 미리내로 흘러들어

아직도 저 하늘에 반짝반짝 빛이 난다

다섯

# 다시 듣는
# 옛이야기

할매 곁에 놀다 보니

石山
# 석산에서 삼씨 받기

서른 즈음 혼자되어 구순을 바라보니
그 시절엔 절박했던 무덤덤한 옛이야기

세상은 오로지 남자들의 것이었고
배운 것은 삼종지도 지킬 것도 삼종지도

혼인한 지 여러 해나 얻은 것은 딸 하나뿐
아들 하나 두어야만 칠거지악 면하거늘

병든 남편 누운 방엔 얼씬하지 못하도록
시어른들 엄한 말씀 가시울을 둘렀는데

저 남편이 떠난 뒤면 누구 말을 따를 건가
청상青孀이 눈앞이라 앞날이 아득하니

열세 식구 많은 눈을 피하기도 어려우나
무슨 수를 써서라도 아들 하나 낳으리라

때마침 장마 끝에 앞 강물이 넘실대니
식구대로 물 구경에 집이 잠시 비었더라

점심상을 차리다가 문지방을 넘어서며
상에 놓던 숟가락을 문고리에 꽂았더니

깜짝 놀라 거부하며 가슴팍을 밀쳐 내나
군 서방질 아닐진대 하늘 아래 떳떳하다

하늘도 무심찮아 태기가 있은 후에
예상대로 남편 가고 유복자를 낳았더라

그 아들 며느리가 효성이 지극하니
돌이켜서 생각해도 뿌듯한 그 당돌함.

2019. 3.
김동기 선생님 이야기를 듣고 적다

## 왜 애꾸눈인고 하니

거동이 불편해서 집에만 계시는
올해로 86세 권순주 선생님을

모임당 선생님과 같이 찾아뵈었는데
어릴 적 이야기를 자분자분 해주시네

어릴 적 우리 집에 일을 돕던 내외인데
안사람 한쪽 눈을 실명하여 못 보더라

내 고향은 영천 임고 깊은 산중 살았는데
그 사연을 어디 한번 들어나 보실라나

어린 것을 방에 두고 일 보러 나간 사이
늑대가 들어와서 그 얼라를 물고 가다

돌담을 뛰어넘다 어린 것을 놓쳤다네
떨어진 얼라는 담장에 부딪혀서

용케도 목숨을 구하기는 했지만
그 바람에 실명하여 애꾸눈이 되었다네

옛날 옛날 간날 간날 전설 같은 이야기가
가만히 따져보면 백 년 안쪽 이야기네

어릴 때는 백 년 세월 명주 꾸리 같았으나
이제 보니 그깟 세월 털실같이 헤프구나.

2019. 9.
권순주 선생님 이야기를 듣고 적다

# 내 이름은 이 아기씨

무오년(1978) 춘삼월에 칠순 여행 나녀오신
목화 선생 어머니가 기행가를 쓰셨는데

설악산과 임진각 등 두루두루 둘러본 후
본 대로 느낀 대로 여행기를 쓰신 후에

기행가사 끝부분에 작자 명을 적었는데
그 이름은 이 아기씨 무슨 이름 이러한가
모두가 궁금해서 하나같이 묻는구나

큰아이로 불리다가 열여섯에 신부 되어
열네 살 난 남편 만나 법도대로 살았는데

집안에만 살던 여인 어느 날 남편 따라
공식행사 참가 위해 드문 외출 하였다네

이름 불릴 일이 있어 호명하기 기다려도
남의 이름 다 부르고 자신 이름 끝내 없어

자기 이름 불릴 때를 기다리고 있을 때
면서기가 이 아기씨 거듭하여 불렀는데

아무도 대답 없자 결국은 면서기가
모모 씨 부인 이름 아기씨라 하더란다

그날로 자기 이름 처음으로 알고 나서
이것이 웬일인고 더듬어서 알아보니

하인 시켜 면사무소 출생 신고 하였는데
물 건너던 그 하인이 징검다리 건너다가

헛발질로 물에 빠져 편지가 젖었으니
면사무소 앞에까지 맨손으로 갔더란다

호적계를 기웃대는 하인을 불러 세워
무슨 일로 왔느냐고 면서기가 물은즉슨

아기씨가 태어나서 출생 신고 하러 왔다
얼떨결에 사실대로 더듬더듬 말했더니

들은 대로 정확하게 받아 적은 면서기
성은 이 씨요 이름은 아기씨라
그길로 호적 이름 아기씨가 됐더란다.

2019. 4.<br>김화자 선생님 이야기를 듣고 적다

## 천생연분

부모님의 금슬은 귀신도 샘을 낸 듯
저승길도 한날한시 손잡고 가셨는데
어머니는 언제나 아버지가 하늘이고
몸에 좋다 들은 것은 무엇이든 해드렸지
아버지는 사람 중에 어머니만 보이는지
다른 사람 다 있어도 엄마 없음 빈집이지
어느 여름 두 노인네 선풍기 앞에 앉아
오손도손 다독다독 사이좋게 지내는데
신경통에 시달리던 아버지의 어깨에다
어머니가 물파스를 발라주는 참이었지
"여보시오 영감님요 이제는 좀 시원하오?"
"아무려면 시원하지 당신 손이 약손인데"

저고리를 입으시며 아버지가 하는 말씀

"그런데 좀 이상하네 옷이 쩍쩍 붙는구먼"

냄새 없는 물파스가 어쩐지 수상해서

어머니가 발라 드린 길쭉한 병 들고 보니

효과 좋은 '토끼표 물파스'가 아니라

손자들이 쓰다 만 문구용 풀이었네.

2019. 6.

## 合房
# 방 모으기

오륜이 지엄하니 부부유별 예외 없어
부부간의 만남조차 사사로이 할 수 없네

뼈대만 양반이요 사는 형편 변변찮아
지킬 법은 많건마는 누릴 것은 무엇인고

부부 합방 길일 택해 어른들이 정해주니
혼인한 지 얼마 안 된 젊은 부부 일상생활

한 집안에 산다 한들 소 닭 보듯 닭 소 보듯
평소에는 사랑채와 안채에서 별거하다

웃어른이 길일 정해 합방하라 명 내리면

온 가족이 이불 들고 방 모으기 부산하다


댓돌 위에 남편 신발 반갑기는 하건마는

견우 직녀 만난 듯이 하룻밤을 지내자니


센 풀 먹인 옥양목 홑청 어찌 그리 버석대노

새색시 운신運身하기 조심하다 날이 새네


정지간에 나가는데 식구들이 쳐다보니

얼굴이 화끈하기 불에 덴 듯하더라.


2019. 5.
이만식 선생님 이야기를 듣고 적다

## 묘롱이야기

단종 복위 꿈을 꾸며 여섯 충신 모였으나
소인 김질 변심으로 사육신은 멸문지화
남자들은 능지처참 여자들은 관비 신세

삼대 멸족 멸문가에 자손인들 있겠는가
세상일은 간혹가다 큰 기적을 만드나니
박팽년의 둘째 자부 성주 이씨 잉태더라

아들 나면 아기 죽고 딸 낳으면 세습 관비
이 씨 부인 아들 낳아 혼비백산 했지만
때맞추어 여종 하나 딸을 낳아 바꿔치기

외조부 품 자란 아기 박팽년의 손자 일산

성종조에 들어서자 세상 인심 바로 서니

임금 앞에 나아가서 사실대로 고백했네


할아버지 충절 인정 성종에게 사면 받고

회룡고미回龍顧尾 명당에다 터를 잡아 사손 번창

묘골에서 순천 박씨 입향조가 되었다네.


2018. 5.
박팽년의 후손이 할아버지 제사 전 날
사육신 다섯 분이 사당 밖에서 서성대는
꿈을 꾼 뒤, 후손이 없는 다섯 분도
함께 제사를 지내기 시작했다고 한다

# 한글로 쓴 조리서 음식디미방

백성 사랑 지극하신 조선 4대 세종대왕
소리마다 음성적인 특별함을 시각화해
스물여덟 글자 써서 표현 못 할 소리 없는
독창적인 과학 문자 우리 한글 지으시고
'백성을 가르치는 바른 소리'라는 뜻의
<훈민정음> 반포하니 세계에서 하나뿐인
만든 이와 만든 날이 확실한 문자 탄생
대왕께서 해례본의 머리글에 이르시길

    우리나라 말이 중국 말과 달라서
    한자와는 서로 잘 통하지 아니한다
    이러한 까닭으로 어리석은 백성들이

억울한 일을 당해 하고 싶은 말 있어도
자기 뜻을 제대로 전하지 못하니
내가 이것을 가엾게 생각하여
새롭게 스물여덟 글자를 만드나니
사람마다 쉽게 익혀 날마다 쓰는데
편안하게 하고자 할 따름이니라


누구든지 쉽게 익혀 쓸 수 있다 하지만
어려운 한문만이 대접받던 오랜 세월
우리 한글 가치 있게 쓰이지 못하던 중
임진왜란 끝이 나고 삼 일째가 되던 날
경상북도 안동 땅 서후면 금계리에
퇴계 학통 이어받은 경당 선생 장흥효와
음식 솜씨 남다르신 안동 권씨 사이에서
총명하고 솜씨 있는 외동딸이 태어났네
계향이라 이름 짓고 금지옥엽 기르시니
재주 많은 어린 계향 글을 쓰면 시인이요
글씨 쓰면 조선에서 다시없을 명필이요

그림 속에 호랑이는 살아나서 포효하고
이웃 향한 마음 씀도 예사롭지 아니했네
18세에 모친 잃고 19세에 혼인하니
영해 땅 재령 이씨 운악 선생 셋째 아들
아버지의 제자 되는 석계 선생 배필 되네
나랏골로 신행 가서 전처 자식 품에 안고
곧고 어진 어머니로 열 자식을 길러내니
몸소 낳은 자식이나 전처 소생 자식이나
빠짐없이 훌륭하게 큰 인물이 되셨다네
남편 또한 대학자의 길을 가게 내조하고
홀로 남은 부친 곁에 계모 들여 대 이으니
출가외인 시대에도 효녀 노릇 다하셨네
흉년에는 곳간 열어 주린 이웃 보살피고
참나무 숲 조성하여 대대손손 빈민 구제
지혜롭고 훌륭하신 여중군자 안동 장씨
83세 되던 해에 두들에서 잠드셨네
뛰어나신 교육자요 훌륭하신 사상가로
돌아가신 9년 뒤에 셋째 아들 갈암 선생

이조판서 제수되니 정부인이 되셨다네

오랜 세월 가려졌던 부인 업적 드러나니

2008년 경북 여성 선양 인물로 선정되고

2013년 고증 끝에 표준영정 제작하고

5년 뒤에 당호 지정 의현당이 되셨다네

품 너르신 여중군자 향기로운 삶의 자취

자녀 교육 이웃 사랑 두루두루 빛나지만

그중에서 가장 크신 업적을 말하자면

<음식디미방>이라는 조리책을 저술한 일

작심하고 책 후문에 뚜렷하게 적으시길

    이 책을 이리 눈 어두운데

    간신히 썼으니 이 뜻을 잘 알아서

    이대로 시행하고 딸자식들은

    각각 베껴가되 책을 가져갈 생각일랑

    마음도 먹지 말며 부디 상하지 않게

    간수하여 쉽게 떨어지게 하지 말라

신신당부 하시면서 몸소 하신 음식을

읽기 쉬운 한글로 마주 앉아 이르시듯

혼을 담은 궁서체로 차근차근 적었으니

가슴속에 아로새길 350년 전 음성인 듯

여성이 쓴 동아시아 최초의 조리서요

한글로 쓴 최초의 조리 백과사전으로

영남지역 양반가의 전통 음식 조리법을

밝혀주는 소중한 연구서로 자리매김

재료 분량 정확하고 조리법이 상세하니

지금까지 쓰신 대로 따라 하며 맛을 아네

면병류는 열여덟 어육류는 일흔넷

쉰한 가지 술 제조법 세 가지의 초 제조법

체계적인 분류 따라 보기 좋게 적은 데다

특별하게 더하신 맛질방문 조리법은

어머니가 친정에서 익혀오신 음식으로

조리서를 넘어서서 역사서인 음식디미방

독자적인 한글 쓰는 특별한 우리 문화

한류라는 이름으로 세계 곳곳 뻗어가네

온 세상을 K-POP으로 춤추게 한 BTS

감동적인 영상문화 아름다운 정신문화

지구상에 모든 사람 한복을 알게 하고

한식을 찾게 하고 우리 문화 동경하리

디지털 환경에서 최적화된 과학 문자

세종대왕 물려주신 귀한 한글 선물 받아

4차 산업 IT 문명 앞장서서 끌어가며

세계에서 문맹률이 가장 낮은 우리나라

세종학당 온 인류에 한글을 가르치니

대왕님의 혼이라도 계신다면 기뻐하리

미래의 한글날은 우리 민족만이 아닌

지구인의 축제일로 거듭나게 될 것이라.

2021년 한글날
영양 '경상북도 한글문화 큰잔치'에서 낭송

# 해랑교

어느 옛날 바닷가에 홀로 살던 여인 하나
어린 딸을 품에 안고 낙엽처럼 떠돌다가
소금 배를 얻어 타고 낙동강을 거슬러와
아름다운 금호 강변 여진 나루 내려서니
이쪽은 박곡 마을 저쪽은 방천리라
집도 없고 땅도 없고 아는 이도 없었지만
이 여인의 희망 하나 손잡고 온 외동딸
어여쁘고 착한 소녀 이름은 해랑이라
남의 집 품을 팔아 부지런히 살림 모아
나루터에 초가삼간 작은 주막 하나 차려
짭질 맞은 손맛과 넉넉한 인심으로
국밥이며 막걸리를 푸짐하게 차려내어
과거 보러 한양가는 선비 배도 채워주고

큰 장 보러 드나드는 장꾼 목도 축여주니
수많은 길손의 입소문을 타고 돌아
문지방은 반질반질 두둑하게 부푼 전대
강가에 기름진 땅 판다는 소문 듣고
주막일랑 그만두고 논과 밭을 얼른 사서
밤낮없이 부지런히 농사짓는 해랑 어멈
해마다 풍년이나 일이 너무 벅차구나
강 건너 방천리에 홀아비가 살았는데
인물은 훤칠하고 마음씨도 걱실걱실
이 마을에 땅이 있어 논도 갈고 밭도 매네
밭둑 너머 콩밭 매는 해랑 어멈을 보다 못해
자기 일을 제쳐두고 김매기를 도와주네
둘이 하니 수월하고 손발 척척 맞는구나
금을 주면 너를 주랴 옥을 주면 너를 주랴
해랑이는 무럭무럭 엄마 품에 잘도 자라
효성 깊은 딸이 되고 아리따운 처녀 됐네
인근 마을 총각들이 해랑이를 사모하여
그중에서 힘도 좋고 마음씨도 착한 총각

골라내어 혼인하니 해랑이의 짝이 됐네
데릴사위 삼아다가 한집에서 살지마는
물고기가 헤엄치고 왜가리가 쉬는 강에
밤마다 뜨는 달은 물결 위에 수를 놓고
동지섣달 기나긴 밤 금호강에 갈대 소리
혼자 남은 해랑 어멈 옆구리를 훑고 가네
부지런한 홀아비는 해랑 어멈 사모하고
여인네도 어느덧 홀아비에 맘 뺏기니
안 오면 궁금하고 안 보이면 보고픈데
무슨 일로 홀아비는 발길이 끊겼을까
동지섣달 긴긴밤에 강가에 나와 보니
우뚝한 산 그림자만 금호강에 어른어른
홀아비를 생각하는 해랑 어멈 애태우네
달빛 아래 버선발로 조심조심 강을 건너
홀아비가 살고 있는 오두막을 찾아가니
남정네는 병이 들어 온몸이 불덩이라
수건 적셔 열 내리고 미음 쒀서 먹이자니
어느새 첫 닭 울어 허둥지둥 돌아왔네

다음 날도 강 건너서 간병하고 돌아오니
찬 강물에 발이 젖어 댓돌 위에 물기 반짝
하루 이틀 날이 가고 같은 밤이 반복되니
효성 깊은 해랑이는 어머니가 걱정되고
궁금해서 살금살금 뒤를 밟아 보았다네
어머니와 홀아비의 간절한 마음 알고
남편과 의논하니 좋은 수가 떠오르네
강가에 큰 돌 골라 징검다리 놓았는데
쥐도 새도 모르게 사흘 만에 완성했네
효녀 딸과 착한 사위 둘만 아는 비밀이라
동네 사람 신기하여 도깨비 다리라 불렀다네
산과 들에 봄이 오고 산비탈에 참꽃 필 때
정성 어린 보살핌에 홀아비의 병도 낫고
해랑 어멈 얼굴빛도 발그스레 피어나네
사모하는 두 마음이 나날이 깊어지고
금호강에 수양버들 얼비치듯 포개지니
동네 사람 눈치채어 두 사람을 맺어 주고
효심 어린 돌다리를 '해랑교'라 불렀다네

금호강변 박곡리와 방천리를 잇는 다리

지금은 길고 넓게 새로 지어 놓았는데

그 이름은 여전히 '해랑교'라 부른다네.

                            2020. 12.
                  '해랑교 전설'을 바탕으로 쓰다

세상모든 자연물이 제소리를 가졌으니

그소리에 걸맞은 글자또한 있으리라

옛사람이 그소리를 바탕으로 삼은후에

알맞은 글자지어 만물의 뜻을통해

천지인 삼재이치에 알맞도록 실었으니

뒷사람이 그글자를 바꿀수가 없었도다

## 여섯: 가사체로 다시 읽기

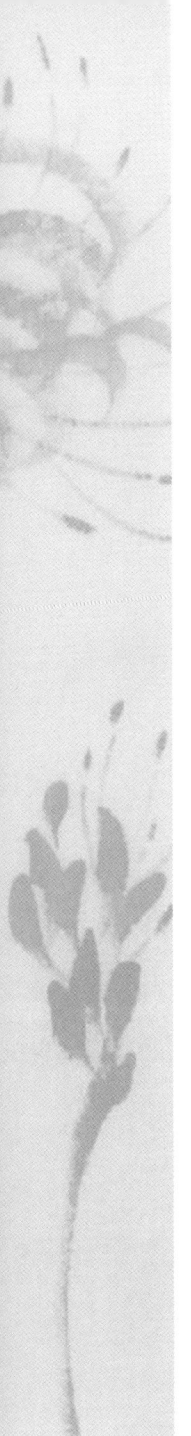

## 이상정 장군 제문

병자년(1936) 팔월 보름

백부님인 소남 공이 대구 달성부에서

세상을 뜨셨으니 향년 육십칠 세로

네 아들과 세 조카가 임종을 지키고

염을 하여 마지막 길을 절차대로 했습니다

아! 슬프고 슬픕니다

불초 조카 상정은 이역만리 남중국에서

전보로 부음을 받고 하늘을 우러러

부르짖고 통곡하며 어쩔 줄 몰랐습니다

밤낮으로 곧장 달려가 제사에 참여하여

조금이나마 조카의 도리를 하고

하늘에 닿은 슬픈 감정을 풀고 싶었으나

온 세상은 난적들 탓에 살기가 넘치고

고향 향해 한 발도 나아 갈 수 없으니

한스럽고 애통한 맘 억제하지 못하여

울음 참고 두서없는 몇 자 글을 적어서

상화 아우 편으로 영전에 올립니다

소자 상정은 박복하여 어린 나이에

아버지를 여의고 홀로되신 어머니와

강보에 싸인 *세 아우와 함께

오로지 백부님께 의지하여 성장했습니다

백부님은 삼십 년간 저희를 하루같이

지극한 은혜와 사랑으로 기르시고

가르치고 타이르며 아들처럼 대하셨으니

이는 *복파 장군이 조카인 '엄'이와 '돈'이를

사랑으로 가르친 것과 같았고

조카들을 사랑하신 백부님의 의리는

위나라의 *백도보다 더 나을 것입니다

비로소 산을 머리에 이려고 하니

그 산이 무겁다는 사실을 알게 되고

바닷가에 이르러서야 그 바다가 깊은 것을

아는 것과 똑같은 이치라 여깁니다

어리석고 아둔한 소자 상정은

*효조같이 은혜를 갚지 못했고

개처럼 집도 지키지 못하고

나이 들어 늦도록 마냥 놀다가

결국에는 낭만이 습성이 되었으며

오고 가는 행적조차 일정하지 못하여

북으로는 중국의 만주까지 갔다가

남으로는 강소성 회수 땅에 와서

십 년 동안 머물다 보니 오래도록

백부님을 곁에서 모시지 못하고

먼 곳을 바라보며 못난 저를 생각하고

기다리게 하였으니 황송할 뿐입니다

천성이 어리석은 소자는 완악하여

일마다 실패와 어려움을 당하고

가는 곳마다 자주 화를 입었습니다

남중국에서는 소자가 죄 없이 붙잡혀

감옥에서 사망했다는 헛소문이 퍼지고

고향까지 전해져 집안을 놀라게 했습니다

어머니는 이에 놀라 식음을 전폐하고

상화 아우가 이곳까지 탐문을 왔을 때

소생은 겨우 살아 감옥에서 나와

반갑게 손을 잡고 어머니의 근황과

백부님의 노년 근력을 알았습니다

상화가 대답하길 어머니는 무사하고

백부님은 일 년이 넘도록 담환으로

고생하신다는 안타까운 소식을 전했습니다

그 소식에 오장이 타들어 가는 것 같아

낮이면 고향 쪽 구름을 바라보고

밤이면 달을 쳐다보며 멍하게 서 있다가

촉나라 땅 자귀같이 피나게 불러 봐도

돌아가지 못하는 외로운 신세였습니다

어렵게 약을 구해 상화 편에 보냈으나

제 정성이 부족하여 효험을 못 보시고

유월 십일 백부님의 편지를 받으니

못난 저를 가엽게 여기시는 백부님의
마음 담긴 편지를 끝까지 다 못 읽고
말없이 흐느끼다 식음을 전폐하고
오로지 향하나 꽂고 백수를 빌었는데
백부님은 세상을 뜨시고 불초 소자 먼 곳에서
슬픈 일을 당했으니 이 한을 어찌하겠습니까

아! 슬프고 슬픕니다
백부님의 미덕과 맑으신 품행은
사림의 공론이 있는 법이니
소자들이 함부로 말할 수 없지만
수십 년을 곁에서 모시며 배운 대로
마음속에 새긴 뜻을 말씀드리자면
백부님은 평소에 사소한 일이라도
예의범절에 맞게 인정을 베푸셨고
얼굴빛을 나쁘게 하지 않으셨습니다
아들과 조카는 물론 하인과 노비를
대할 때도 회초리로 위엄을 세우지 않고

순순히 타일러 감동으로 교화하셨습니다

자신에게는 매우 엄하고 검소하며

타인에게는 언제나 풍족하게 대하셨습니다

원래 우현서루를 설립한 것은

조부님께서 노년에 뜻하는 소망이었으니

백부님께선 그 높은 뜻을 이어받아

부족한 재력에도 십여 년을 계속하여

무지한 사람들을 학자로 기르시다

일제의 단속에 문을 닫게 되었습니다

지난 기미년에 세상이 소란해서

변을 당해 구금되는 역경을 겪었으나

평소처럼 당당하고 침착하게 말씀하시니

간수들도 결국엔 복종하게 되었고

소자도 함께 구금되었다가 백부님의

분명한 말씀 덕분에 풀려났으니

그 후로 더욱 진실한 행동을 하게 되었습니다

임술년과 계해년에 일어난 대홍수로

경상북도 인동 땅과 칠곡 사이에서

굶어 죽은 시신이 들판에 널렸으나

부자들은 사람들을 구제하기는커녕

곡식을 깊이 숨겨 보물처럼 여길 때

백부님께서는 곳간을 열어서

굶주린 사람들에게 곡식을 빌려주어

어려울 때 가정을 지키게 하시며

저에게는 항상 헛된 명성을 경계하라 하셨습니다

생각하면 백부님은 평소 가정을 잘 지키며

세상을 올바르게 살아오셨습니다

예로부터 '어진 사람은 장수한다' 하였는데

백수를 누려야 마땅함에도 백부님은 어찌하여

칠십 전에 갑자기 세상을 뜨셨는지요

저는 백부님의 사랑에 보답하지 못하여

죽는 날까지 한을 품게 되어 애석합니다


아! 애통하고 애통합니다

이 너른 하늘 아래서 뵐 수가 없고

천지 사방 가르침을 받을 곳이 없으니

남북으로 돌아봐도 근심되고 슬픕니다
세상에서 혈혈단신 의지할 곳 없으니
백부님의 음성과 모습이 그립습니다
멀리 계신 묘소에 참배하고 싶으나
바다가 가로 놓여 동쪽을 바라보며
통곡하니 피눈물이 옷깃을 적십니다
생전에 백부님을 마음 편히 못 모시고
문병 한 번 못하고 초상도 못 치르고
장사 후 묘역조차 찾아뵙지 못했습니다
불초한 소자의 크나큰 죄상은
남산의 대나무를 다 베어 글을 써도 부족하고
동해 물로도 다 씻지 못할 것입니다
지금부터 물을 마시면 원류를 생각하듯
백부님을 생각하면서 늘 *척호시를 읊고
조상의 은혜를 생각하겠습니다
형제들과 서로 의지하며 때로는 *척령을 읽어
형제간에 우의를 돈독히 하겠습니다
오직 소자가 간절히 바라는 것은

하늘에 계신 백부님의 영혼이

저의 뜻을 밝게 살피는 것입니다


소자 상정은 슬픔이 지나쳐서

드릴 말씀을 잊어 이만 글을 줄입니다

엎드려 재배하오니 부디 흠향 하소서.

병자년(1936) 팔월 조카 상정 올림.


* 세 아우: 상화, 상백, 상오
* 복파伏波 장군: 중국 한 무제 때 베트남을 정벌한 마원
* 백도伯道: 중국 삼국시대 위나라 장수 '학소'의 호
* 효조孝鳥: 효성스러운 까마귀(反哺之孝)
* 척호시陟岵詩: 척호는 시경에 나오는 시편으로 아들을 군에 보낼 때 부모 형제가 작별하는 시
* 척령鶺鴒: (=할미새) 형제자매를 상징함

2021. 11. 24.<br>
한문으로 쓴 제문을<br>
2019년 백촌 권기갑 선생이 풀이하였고<br>
제가 가사체로 편집하여 낭송하였습니다

## 정인지 서

세상 모든 자연물이 제소리를 가졌으니
그 소리에 걸맞은 글자 또한 있으리라
옛사람이 그 소리를 바탕으로 삼은 후에
알맞은 글자 지어 만물의 뜻을 통해
천지인 삼재 이치에 알맞도록 실었으니
뒷사람이 그 글자를 바꿀 수가 없었도다
지역마다 풍토 달라 말소리도 구별되니
중국 외의 딴 나라는 소리를 쓸 글이 없다
중국 글을 빌려다가 어렵사리 소통하니
그야말로 어거지로 도낏자루 모난 것을
둥글게 판 구멍에다 끼워 넣는 꼴이 되니
수월하게 소통이 될 이치가 있겠는가
중한 것은 모든 것이 각각 처한 곳에 따라

편안하게 쓰여야지 억지로는 아니 되네
우리 동방 예악 문장이 중국 것에 못잖으나
우리말은 중국 말과 다른 것이 분명하여
한문 공부 오래 해도 뜻을 알기 쉽지 않고
범죄 사건 처리하는 관리조차 그 사정을
자세하게 이해하기 어려워서 근심했다
옛 신라의 설총께서 이두를 만들어서
관청이나 민간에서 지금까지 써오지만
중국 한자 빌려 쓰니 거칠고도 답답하다
이두 사용하는 법은 근거 없고 속되어서
실제 언어 사용에는 불편함이 너무 크다
계해년(1443) 겨울에 우리 임금께서 친히
바른 소리 스물여덟 글자를 만든 후에
쓰임새를 간략하게 예를 들어 보이시며
그 이름을 이르시길 '훈민정음'이라 하셨다
입 모양을 본을 떠서 이치대로 만드나니
글자의 모양은 옛 전자를 닮았지만
글자를 말소리에 맞추어서 쓰게 되어

일곱 음률 가락에도 어울리는 문자로다
천지인 삼재와 음양 이기의 어울림을
완벽하게 갖추어서 스물여덟 글자로써
돌려씀이 무궁하니 정밀한 뜻 담았으나
간단하게 쓰면서도 막힘없이 두루 통해
지혜로운 백성들은 하루아침에 배워 쓰고
어리석은 백성들도 열흘 안에 쓸 수 있다
이 글로써 한문 글을 풀이하면 뜻을 알고
관아에서 이 글자로 소송사건 다룬다면
백성들의 속 사정을 이해하기 쉬우리라
운으로는 맑고 흐린 소리 구별이 가능하고
노랫가락 음률까지 명확하게 표현한다
어디서든 두루 씀에 모든 뜻이 통하나니
학과 닭의 울음소리 바람 부는 소리와
개 짖는 소리라도 모두 적을 수가 있다
임금께서 상세하게 풀이를 더 하시어
어리석은 백성들을 깨우치라 명하셨다
이에 신 정인지는 집현전 응교 최항과

부교리 박팽년과 신숙주와 성삼문과
강희안과 이개와 이선로 등과 더불어
여러 가지 예를 들어 간략하게 풀이하여
스승 없는 백성들도 깨우치게 하였도다
정밀한 뜻 신묘하고 근원 또한 깊은지라
신들조차 감히 밝혀 보일 수가 없도다
생각건데 우리 왕은 하늘이 낸 성인으로
지어내신 법도와 베푸신 큰 업적이
전에 계신 모든 왕을 뛰어넘어 훌륭하다
훈민정음 지으심은 앞사람이 이룩한 걸
활용함이 아니요 자연 이치 따름으로
사람이 사사로이 이룬 것이 아니다
우리나라 역사가 이미 오래되었으나
만물의 뜻을 알아 만사를 온전히 이루는
큰 지혜는 오늘에야 기다리고 있었다.

1446년(세종 28) 9월 상순

자헌대부 예조판서 집현전 대제학 지춘추관사

세자 우빈객 신 정인지는

두 손 모아 머리 숙여 삼가 쓰옵니다.

2022. 8.

참고도서_ 김슬옹, 『훈민정음 해례본 입체강독본』

박이정, 2020

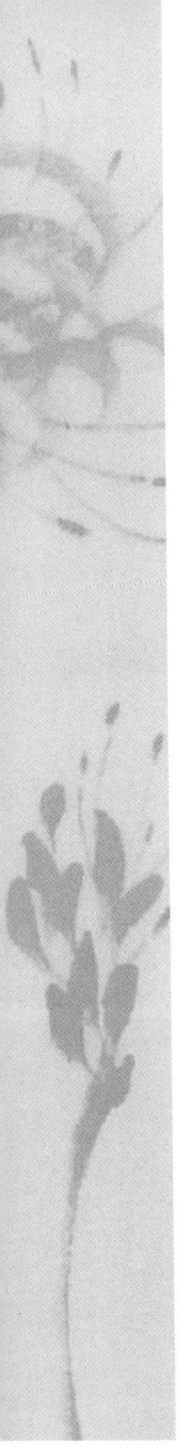

## 즐거운 여행

행복하게 사는 것은 모든 사람 꿈이지요
갖은 고통 괴로움은 스쳐 가는 환상이니
긴장 풀고 편안하게 안심하고 살아가요
기쁨 슬픔 다른 얼굴 처음부터 한 몸이니
세상일은 예외 없이 항상 변해가는 거라
괴로움도 뒤집으면 즐거움이 될 수 있고
즐거움도 한순간에 괴로움이 될 수 있지
깨끗해도 자칫하면 더러워질 수가 있고
살다 보면 느닷없이 나쁜 일도 만나지만
삶이란 건 알고 보면 별것 아닌 일의 연속
보이는 것 들리는 것 너무 신경 쓸 것 없어
아름다운 꽃이라도 색과 향기 다르듯이
같은 일을 당하여도 사람마다 다른 생각

흔들리는 마음 따라 휘둘리면 나만 손해

괴로운 일 슬픈 일도 피해 갈 순 없는 인생

그 누구도 미래 일은 알 수 없는 법이잖아

두려워할 이유 없어 두 팔 벌려 맞이하자

삶이란 건 예상 못 한 뜻밖의 일 만나는 것

올바르게 사는 일은 아주 조금 어렵지만

행복하게 사는 것은 누구라도 가능하지

괴로움에 짓눌려서 살 필요는 전혀 없어

쓸데없는 모든 걱정 훌훌 털어 날려버려

내 주위를 둘러보고 나누면서 같이 가요

손을 잡고 가다 보면 두려움도 사라져요

꿈과 여유 잃지 말고 귀 기울여 들어 봐요

마음속에 꽃 한 송이 아름답게 피워올려

내 마음이 밝아지면 온 세상이 환해져요.

2022. 2.
반야심경의 내용을
가사체로 엮었습니다

# 지신통

"뒷집에 아재요. 들어나 보았소?"
"뭔 일이 있기에 그래 난리인고?"
"사람인데 사람이 아니라고 하네요."
"무슨 말이고? 사람이 사람이 아니라니?"
"분명히 손발이 있고 걸어는 다니는데."
"그런데 왜 사람이 아니더노?"
"입성도 이상하고 말씨도 얄궂고
얼른얼른 나루터로 가 보기나 하입시더."
"뭔 말인동 몰따마는 어데 가보자."
밭으로 지고 가던 냄새나는 거름지게는
길섶 버드나무 아래 작대기 받쳐 두고
앞집 조카 뒤를 따라 나루터로 나간다.

여기는 낙동강과 금호강이 만나는 곳

물 깊고 뱃길 좋고 대구가 가까워서

팔도에 보부상이 문지방 넘듯 드나드니

모래톱 너른 이곳을 '사문진'이라 불렀지.

대구로 들어오는 신기한 물건들은

웬만하면 모두 다 여기를 거쳐 가지

일본에서 들어오는 특별한 물건들도

구포에서 배를 타고 이리로 들어오고

안동에서 부산 가는 값나가는 물건들도

모두 다 사문진을 거쳐서 갈 때였지.

산 그림자 내린 강물에 참꽃잎이 떠갔지.

그날이 바로 1900년, 삼월 스무엿새

"오늘 온 저 배에는 이상한 사람이

처음 보는 큰 물건을 싣고 왔다네."

"하이고 참말로 처음 보는 사람이네."

흰 살결 노랑머리 파란 눈 우뚝한 코에

생전에 처음 보는 희한한 갓을 쓰고

"쏼라 쏼라, 오케이, 와이? 땡큐."
처음 듣는 얄궂은 말을 하는구먼.
"아재요 쩌어기 저 여자 좀 보소."
"어매, 참말로 별스럽게도 생겼네."
"내외간에 장대같이 키는 우예 저래 큰고?"
"그런데 아재요, 배 안에 저것은 뭣인가요?"
"시끄럽다. 조용히 좀 있그라 보자고마."
"야야 니는 예수쟁이라고 들어보도 못했나?"
"예수쟁이는 조상 제사도 안 지낸다 카던데요."
"몇 년 전부터 저런 코쟁이들이
몇 차례나 성내로 들어갔다 아이가."
"저 양반은 옆에서 또 뭐라캅니꺼?"
"어디 가까이 가서 들어나 보자."
말쑥하게 양복을 차려입은 젊은이가
"이 신사는 '사보담'이라고 합니더.
'미국'이라는 저 먼 나라에서 왔답니더."
구경꾼이 별난 사람, 낯선 물건을 보자.
웅성웅성 왁자지껄 한마디씩 던지는데

"자자, 여러분 조용히 좀 해 보셔요.
저 물건을 성내에 종로까지 옮길 참이오.
누가 일꾼을 좀 구해 주시겠소?"
"보소. 그 물건이 도대체 무엇이오?"
커다란 나무통을 손가락으로 가리킨다.
"저것이 이름은 피아노라 캅니더."
"피아노? 그기 뭐꼬, 댁은 들어나 봤소?"
"지도 잘 모르지만 서양 소리에 쓰는 건데
사보담 저 양반의 마누라 물건이오."
"그러면 사람이 몇이나 필요하오?"
"아무래도 스무 명은 있어야 되겠소."
"품삯은 얼마나 쳐 주실 작정이오?"
"장정 일당은 1달러로 하지요."
사보담이 말하고 통역이 전한다.
"뭣이라? 품삯을 그렇게나 많이 준다고?"
뜻밖의 후한 품삯에 일꾼이 넘쳐나니
그중에서 힘깨나 쓸 만한 자부터 뽑혔다.
큰 나무를 구해 와서 목도를 만들자.

참으로 귀한 물건이니 조심조심 다루란다.

그 물건을 옮기려고 장정 몇이 다가가서

쥐면 터질세라 조심조심 들었는데

그런데 웬일이냐. 무엇을 잘못 건드렸는지

통 속에서 쿵. 쿵. 쾅. 쾅. 천둥소리가 난디.

"어이구야. 도대체 이게 무슨 소리고?"

장정들이 혼비백산 뒤로 벌렁 나자빠진다.

"아무래도 통 속에 귀신이 들었겠다,

코쟁이들 양귀신을 통에 넣어 왔는갑다.

안그라모 우째 이래 무서븐 소리가 나노?"

그중에서 간 큰 자가 뚜껑을 열어보니

희고 검은 큰 이빨이 빼곡하게 줄을 섰네.

"나는 당최 오금이 저려 이 짓을 못 하겠네.

품삯이 비싸다 했더니 귀신통이라 그런 갑소."

"돈도 좋지마는 평화로운 우리 마을에

이런 고약한 양귀신을 델꼬 오다니

안 된다. 절대로 들여갈 수 없다."

소문 들은 동네 사람 너도나도 몰려와서

"고약한 저 물건을 배에 도로 실어 가오."
졸지에 사문진은 귀신통 척결 시위장
사보담 부부는 난처하게 되었는데
보다 못한 통역이 목청을 돋우어서
"저 사람들 나라에는 별별 기술이 다 있는데
그중에도 의술이 아주 좋다 캅니더."
그러자 청중에 한 사람이 아는 척을 했다.
"요전에 성내로 들어간 코쟁이들이
죽을 사람을 살리기도 했다카두만."
"아, 그라마 이 사람이 의원이란 말이오?"
또 다른 한 사람이 나서며 하는 말이
"달빛골 서 의원이 못 고친 병도 고쳤다 카더라."
"아이고, 어매 그 말이 참말이오?"
"그라마 우리 아배 묵은 병도 고쳐주오."
사보담이 따라가서 청진기로 진맥하고
약을 줘서 먹고 나니 거뜬하게 나았다네.
하이고야 신통방통 귀신통 덕이겠다.
그 길로 일꾼들이 귀신통을 떠메고서

종로에 도착하는데 사흘이나 걸렸다네.
초기 의료 선교사 사보담과 에피 부부가
처음 보는 서양악기 피아노를 들여오고
그 후로 몇 대의 피아노가 따라와서
우리나라 최초로 서양음악을 가르쳤다.
박태준과 현제명 등 걸출한 음악가들이
이렇게 들어온 피아노 덕에 탄생했다.
청라언덕 박물관에 자리 잡은 피아노는
귀신통으로 오해받은 최초의 서양악기.

                              2019년 내방가사 어울마당 공연

# 두께비가 된 월궁 항아님

옛날 옛날 아주 먼 옛날의 이야기야
요임금이 다스리던 평화로운 시대였지
지혜로운 임금님은 백성들의 어려움을
모두 미리 눈치채고 해결을 해주었대
기름진 땅에는 때맞춰 비가 오니
해마다 풍년들어 먹을 것이 넉넉했지
걱정 없는 백성들은 부른 배를 두드리며
날마다 노래하며 사이좋게 살았어
그런데 어느 날 큰일이 생겼단다
하늘에 갑자기 아홉 개의 해가 떴어
온 세상이 뜨거워서 난리가 나버렸지

시냇물과 강물은 바짝 말라 버리고
연못마저 바닥이 쩍쩍 갈라져 버렸대
물고기와 수초들도 모두 말라 죽었지
채소와 곡식들이 모두 다 타서 죽고
나무들도 메말라서 열매를 못 맺었내
들짐승과 가축들이 목이 말라 죽어가니
사람들의 고통이야 너무나도 뻔하지
백성들이 죽어가자 임금님은 애가 탔어
하늘나라에 '예'라는 젊은이가 있었지
용감한 예는 활 잘 쏘기로 유명했어
그 무엇을 향하든 목표물을 겨누어서
시위를 당기면 언제나 백발백중이었대
요임금이 하늘나라 예에게 연락했어
"뛰어난 활 솜씨로 태양을 쏴 없애 주시오"
임금님은 정중하고 간절하게 부탁했지
예는 사랑하는 아내가 있었는데
아름답기로 으뜸가는 하늘나라 항아님이지

밝은 밤에 항아님이 달 구경을 나오면
물에 비친 그 모습이 너무나도 아름다워
보름달이 부끄러워 숨어버릴 지경이야
아름다운 아내와 헤어질 수 없는 예는
아내와 함께 인간 세상으로 내려왔어
아홉 개의 해가 뜬 세상은 불지옥과 같았지
예는 순식간에 화살을 꺼내 들고
하늘에서 이글대는 해를 향해 쏘았어
그러자 신기하게 차례차례 해가 지고
심장에 화살을 맞은 여덟 마리 까마귀가
금빛 날개를 퍼덕이며 땅 위로 떨어졌어
하느님의 아홉 아들이 까마귀로 변신해서
한꺼번에 이글이글 빛을 내고 있었던 거야
그러니까 까마귀는 태양의 정령이었어
마지막에 홀로 남은 붉은 태양 하나가
여전히 찬란하게 빛을 내고 있었어
화살을 하나 더 뽑아 쏘려고 하는 순간

임금님이 얼른 예의 화살을 숨겼어

휴, 하마터면 큰일 날뻔했지 뭐야

마지막 하나 남은 태양마저 쏘았다면

이 세상은 아마도 암흑천지가 됐을 거야

여덟 아들을 순식간에 잃어버린 하느님은

화가 나서 하늘 문을 꽁꽁 잠가 버렸대

결국 인간 세상에서 살게 된 예는

오직 하늘나라 백성들만의 특권인

영원한 생명을 누릴 수 없게 됐어

남편이 하느님의 미움을 받았으니

항아님도 당연히 돌아갈 수 없게 됐지

땅 위에서 영원히 인간으로 살게 된

두 사람은 영원한 생명을 갖고 싶어

인간 세상을 자세히 수소문해 보았어

서쪽으로 아득히 멀리멀리 가다 보면

신선들만 모여 사는 곤륜산이 있는데

곤륜산의 주인인 으뜸 여신 서왕모는

영원히 죽지 않고 선녀들과 살고 있대
서왕모가 살고 있는 신비한 궁전에는
삼천 년에 하나씩만 열매가 열리는
신기한 복숭아나무 한 그루가 있었어
누구든지 그 열매를 한 개만 따 먹으면
영원히 살게 되는 신비한 복숭아야
사람들은 그 열매를 천도라고 불렀어
용감한 예는 온갖 어려움을 이겨 내고
곤륜산까지 가서 서왕모의 환심을 사서
세상에서 하나뿐인 천도를 구해왔어
기나긴 여행 끝에 집으로 돌아온 예는
기다리던 항아님의 무릎을 베고 누웠어
신비한 천도를 품속에서 꺼내 보이며
곤륜산에 다녀온 이야기를 시작했어
긴 여행 중에 겪은 이야기를 하다가
너무 지친 나머지 코를 골기 시작했대
잠든 예를 바라보던 항아님이 생각했어

'나도 정말 죽지 않고 영원히 살고 싶어
인간 세상에 오고 싶어 온 것도 아닌데
당신 따라 내려왔다 이게 무슨 고생이람
신비한 복숭아는 오직 하나뿐인데
당신이 영원히 살고 내가 죽어?
내가 영원히 살고 당신이 죽어?
에라 모르겠다 천도는 내가 먹을래'
항아님은 살며시 남편을 내려놓고
숨겨 두었던 날개옷을 꺼내 입었어
잠든 남편 손에 들린 천도를 몰래 들고
달나라를 향해서 잽싸게 도망쳤대
날개옷 스치는 소리에 잠에서 깬 예는
천도가 없어져서 깜짝 놀라 둘러보니
항아님이 손에 들고 저 멀리 날아가네
너무나도 화가 나서 달을 향해 활을 쐈지
힘껏 활을 쏘았지만 이미 너무 멀리 가서
예가 쏜 화살은 항아님께 닿지 못했대

노발대발한 예는 마구 저주를 퍼부었어
"세상에서 가장 못 된 사악한 여편네야
징그럽고 못생긴 두꺼비로 변하여라"
연달아 세 번이나 주문을 외어댔지
천도를 몰래 들고 도망간 항아님은
저주받은 징그러운 두꺼비의 모습으로
달나라 궁전에서 오래오래 살게 됐지
방아 찧는 토끼가 달나라에 살기 전에
두꺼비로 변신한 항아님이 살았으니
그 뒤로 사람들은 아름다운 여인에게
'월궁 항아 같다'는 말을 한단다.

2022. 3.
도교 설화를 바탕으로 쓰다

# 패자의 눈물로 쓴 승자의 역사 노트

_현풍향교 답사기

아직도 절간 문을 나서지 못하고
부처님 전 새벽예불 올리던 스님 몇이
오늘은 기어코 자신들의 손으로
절간의 뼈대를 들어내는 날이다
연화 문양 곱게 새긴 보물 같은 문짝 헐어
언 손 녹일 모닥불로 다 태워서 재가 돼도
부처님은 그 사정을 아시는지 모르는지
새로 세울 향교 건물 주춧돌로 쓰겠다며
절 마당에 석탑부터 마디 풀어 나르는 날
아침저녁 합장하고 경을 외며 돌던 탑을
그 손으로 해체하며 마음으로 외는 불경

귀도 밝고 눈도 밝은 부처님은 왜 모를까

연화 문양 새긴 돌을 죽을힘을 다하여서

끌고 가며 흘린 눈물 핏물 되어 길 적시고

등에 배인 핏자국은 헤진 승복 다 적신다

승복이야 다시 지어 입는다고 치더라도

갈가리 찢어진 맘 무엇으로 꿰매볼꼬

풀린 탑의 뼈를 추려 축대를 세운 위에

기단일랑 썩둑 잘라 주춧돌로 깔았다

일주문 두리기둥 그 위에다 세우고

절간 헐어 옮긴 목재 대성전이 되었구나

화양연화 떠올리며 부처님 묻은 골에

구멍 숭숭 뚫린 뼈를 그 위에다 뿌리나니

이 골짝에 솔을 심어 아름드리 되는 시절

솔바람이 불거들랑 이야기를 전해주오

부처님도 공자님도 상상 못한 슬픈 사연

중생 등에 얹혀가는 무거운 짐 되었구나.

2019. 10.

발 문

# 내방가사의 새 지평을 열다

_ 정재숙 (시인)

영남지방, 특히 경북 안동 지역을 중심으로 그 맥을 면면히 이어오던 '내방가사'는 규방의 보물로서 여인네들의 삶의 한 부분을 반짝이게 했던 보배로운 문학 활동이었다. 삶의 규범과 도리, 애환을 여성 특유의 섬세한 감성과 풍부한 예술성로 승화시킨 순수 우리 한글로 표현된 귀중한 자료들이다.

명절이나 집안 대소사 때 우리 할머니, 어머니들께서 봉제사 접빈객의 의례를 다 치러 낸 후, 종가댁 안방에 모여 앉아 가사를 돌려가며 소리 내어 읽고 경청하며, 어디가 잘되었다느니 평론까지 하기도 하였다. 그러고는 저마다 가사를 짓고 베끼기도 하면서 삶의 애환을 다스렸다. 주어진 법도를 지키고 지혜를 터득하며, 타인의 삶을 이해하고 스스로의 삶을 다독였을 것이다.

이때 주로 다루어진 소재는 '시집살이', '자녀 훈계', '삶의 애환', '나들이' 등으로 무척 다양했다. <규원가>, <원한가>, <한심가>, <계녀가>, <정녀가>, <사친가>, <사랑가> 등 규중 여성들의 슬픔과 원한, 남녀 간의 애정, 형제 이별, 고된 시집살이 등을 주로 읊었다. 또한 시야를 넓힌 객관적인 서술 등도 보인다. <시절가>, <풍경가>, 그 밖의 사실 묘사와 기행 등을 읊은 다양한 작품들도 있다.

그렇게 우리 할머니, 어머니들께선 고단함을 풀어내면서도 그것을 가르침으로 받아들여 전수하며 인내로 희망을 자아냈으리라. 그들이 '삶의 본질을 꿰뚫고 인생을 달관하며 생을 살다간 여인네들'이라면, 그들의 후손이 바로 오늘을 사는 우리가 아니겠는가. 그중에서도 특히 이 자랑스러운 내방가사의 맥을 이어가는 권숙희 시인의 행보에 대견함을 느끼며 그의 작품을 살펴보고자 한다.

권 시인이 밝혔듯 처음 내방가사를 쓴 것은, 2014년 <가창 화전가>가 그 시작이다. 이후 9년여 동안 50여 편의 다양한 작품들을 써왔고, 적지 않은 양의 작품들을 한데 모아 작품집을 내게 되었으니 경탄할 일이 아닐 수 없다.

&lt;가창 화전가&gt;는 저도 모르게 솟구친 감흥으로 거의 단숨에 써 내려갔다고 한다. 여고 동기회를 마치고 친구들의 이름을 낱낱이 부르며 만남의 감회를 술회했는데, 친구들이 너무나 좋아해서 자신감이 생겼고, '가사 창작이 이렇듯 나 아닌 타인을 기쁘게도 하는 일이구나!' 하는 성숙한 이타심을 가지게 되어 그 대상과 시야를 넓혀가며 계속 내방가사를 쓰게 되었다고 한다. 그 동기 또한 권숙희다운 행보라 아니할 수 없다.

> 친구들아 오늘 일은 머릿속에 새겼다가
> 속상한 날 힘든 날에 다시 꺼내 펼쳐보며
> 인생살이 고단함을 잠시나마 날려보자
>
> _가창화전가 中

조곤조곤 달래고 타이르는 것 같은 간절한 마음이 절절하게 와

닿는다. 그 후로 권 시인의 글 소재는 점점 더 외연을 확장하여 지평을 넓혀가기 시작했다. 시야가 확대되어 세상을 향한 눈과 가슴이 열리기 시작했다. <화전가>로부터 역사적 사건, 시사 문제, 국가 사회적인 이슈들에 이르기까지 그의 시야에 소재로 잡히지 않은 분야가 없게 되었다.

이렇게 확대된 시야와 폭넓은 감성으로, '꽃달임 하던 날 / 얼쑤 절쑤 / 역사 될까? / 오늘을 기억하다 / 다시 듣는 옛이야기 / 가사체로 다시 읽기', 모두 6장으로 작품집을 구성하였다. 작품 전체를 살펴보면 그 시야가 넓고 깊은데 놀라지 않을 수 없다.

역사적인 고찰, 폭넓고 예리한 시선으로 짚어 내려간 안목이 드러난 작품이 있는가 하면, <도동서원 보물담장>, <포석정>, <위대한 대한민국>, <묘골 이야기>, <한글로 쓴 조리서 음식디미방> 등 시사적 주제와 역사 인식도 상당한 눈높이에 이르고 있는 것을 볼 수 있다. 또한 <세월호 탄식가>, <갈릭 걸즈>, <윤동주 시비 제막 경축가>, <김광석길>, <달빛 교류> 등의 다양한 작품 속에 드러난 치우침 없는 바른 시각과 탄탄한 구성은 우리에게 제시하는 바가

크다고 본다.

한편 기행 부분, 화전가, 경축가 등 옛사람들이 자주 다루었던 소재로 일상을 조용히 관조하는 작품들을 대하노라면 다시 한번 권 시인 내면의 다양함과 굳센 의지를 읽을 수 있다.

> 철길에 가려지고 그림자에 짓눌렸던
> 임청각 안채에도 햇살이 비치나요
> 발아래 낙동강이 낮은 곳을 향해가듯
> 역사의 물줄기는 제 길을 찾을까요
> . . .
> 아직도 신음하듯 두 토막 난 이 강산이
> 살아남아 부끄러운 가슴을 누릅니다
>
> _당신께서 가신 길 中
> _임청각 종부 허은 여사 영전에
> 독립훈장 애족장이 추서된 것을
> 기념한 헌시

어느 날 내방가사 불티처럼 날아와서

내 영혼을 밝히며 내 안에 자리하니

그 불씨 꺼질세라 작은 초에 나눠 밝혀

이 손 저 손 건네주며 함께 가길 청했지요

다행히도 여러분들 가사 촛불 나눠 들고

미지의 길을 가는 동행이 되었지요

없던 길도 자주 가면 새길이 생기듯이

우리가 함께 가면 새로운 길 생기겠죠

_무술년을 보내며 中

   시조가 그 맥을 이어 현대문학의 한 장르로 자리매김하였듯, 내방가사의 맥을 이은 가사문학 또한 권숙희 시인 같은 작가가 많이 배출되고 저변이 확대되어 현대문학의 한 장르로서 유유히 도도히 그 맥을 이어가길, 그리하여 찬란한 가사문학의 꽃이 피어나길 기대해 본다.

### 내방가사 운율 따라

# 꽃달임

초판 1쇄 | 2022년 12월 21일
지은이 | 권숙희
이미지 | 자수_조경희 / 천아트_심수영 / 민화_김은주 / 사진_권숙희
책임편집 | 최문성
구성디자인 | 도로시
펴낸이 | 최문성
펴낸곳 | 도서출판 달구북
　　　　대구광역시 수성구 범안로4안길 28, 1층 (범물동)
　　　　Tel) 070.4175.7470 Fax) 0504.199.0257
　　　　Email) dalgubook21@naver.com
　　　　Homepage) www.달구북.com
　　　　출판등록 제2022-000001호

© 2022, 권숙희

ISBN 979-11-90458-21-4 (03810)

이 책은 한국예술인복지재단의 '2022 창작디딤돌 지원사업'에 선정되어 제작되었습니다.

이 책은 저작권법에 따라 보호받는 저작물이므로 무단 전재 및 복제를 금합니다. 내용의 전부 또는 일부를 이용하려면 반드시 저작권자와 도서출판 달구북의 서면 동의를 받아야 합니다.